U0047342

東京未來派 1

TOKYO AVANTGARDE

都市偵探的東京觀察

A to M

李清志 文字 攝影

推薦序　很久很久以前，在泰晤士河畔，有座城市……

謝哲青｜作家、節目主持人

打從羅馬帝國時代開始，這座城市就只在「一哩見方」（Square Mile）的「內城」範圍內發展，在這個區域沒有「路」（Roads）——在傳統定義中，「路」必須有雙向「車道」（carriageways），每個車道必須有一條或複數的「道」（Lanes），兩側還必須有「人行道」（Sidewalk）；也沒有「街」（Street）——在古英語中，它特別指羅馬軍團鋪設的主要幹道，方便軍團在各駐地出入移動。到了中世紀，繁忙的「一哩見方」已沒有任何空間發展，這座城市開始向外伸展，形成今天的「倫敦城」（City of London）。

一六六六年九月二日，星期天晚上，河北岸布丁巷的一家烘焙坊失火，在中世紀狹窄擁擠的巷弄內，火勢一發不可收拾，迅速向四面八方蔓延，最後演變成難以置信的大災難。根據目擊者的描述：「狂暴的烈焰，伴隨著震耳欲聾的爆炸聲……女人、小孩哭嚎尖叫，身旁都是逃命的人……房屋、街坊、教堂、高塔紛紛倒塌……毀滅景象彷彿特洛伊的陷落。」

大火後重建的倫敦城，在克里斯多佛．雷恩（Christopher Wren）的設計主導下，嶄新的倫敦城融合了文藝復興式的和諧與巴洛克式的宏偉，但部分的城區仍保有中世紀式的錯綜複雜，也因此，要弄懂倫敦的歷史與街道，必須有異於常人的「海馬迴」。

時間來到一九三五年，一名年輕藝術家在穿越倫敦城赴約的途中迷了路，當時的地圖過時且不便使用，許多巷弄沒有命名，只有編碼，但未經邏輯性的編排，同時地圖也很大本，不可能攜帶。菲莉絲．皮爾索爾（Phyllis Pearsall）在其中看見了一個偉大的出版計畫。根據文字紀錄，她花了一整年的時間，每天五點起床出門，工作十八個小時，行走距離將近四千八百公里，記錄了超過兩萬三千條大小街道，最後寫成著名的《*London A to Z*》。這本小開本的地圖集，據說總銷售量差不多有六千五百萬冊之多，即使在GPS系統普遍應用的今天，計程車、公共巴士司機仍在使用，衛星導航有時候會出錯，但《*London A to Z*》幾乎沒有問題。

也因為一九三六年所出版的《*London A to Z*》的成功，開啟了「A－Z」的索引式書寫傳統的「白銀時代」。

其實，「A to Z」書寫的「黃金時代」，是由法國啟蒙思想家德尼．狄德羅（Denis Diderot）所創，並由一七六八年所出版《大英百科全書》接續，發揚光大。值得一提的是，曾經為大英百科全書條目撰寫內容的專家名人有愛因斯坦、佛洛伊德、魔術大師胡迪尼，以及其他數十位諾貝爾獎、普立茲獎的得主，一般公認，一九一一年的傳奇版本的大英百科全書最出色。

即使在人腦外掛WiKi與Google的二十一世紀，似乎所有的資料條目唾手可得，百科全書式、索引式的書寫仍然有存在的必要嗎？

答案是肯定的。

所有的文本書寫，不僅需要高度、角度與態度，更需要的，是具有溫度的個人情感。因此，在繪圖軟體盛行的今天，我們需要鄭問，需要幾米；影像泛濫成災的同時，我們需要充滿人情味與同理心的范毅舜。

當然，我們更需要都市偵探李清志，帶我們去體驗、思考與沉醉在建築及城市空間的理性與感性。而A to Z的書寫形式，正是清志老師展現百科全書式知識體系與個人思想向度的最佳形式。

推薦序—用全新的視角來玩東京

杜祖業—《GQ》國際中文版總編輯

我一直覺得在台灣要寫東京主題的書，不是太蠢，就是太勇敢，當然還有極少數太聰明的人。

台灣有太多人是處於「我不在東京，就在往東京」的路上，太多人對新宿哪條路有好吃的燒鳥、澀谷哪條巷有很棒的甜甜圈，熟門熟路的程度遠超過對基隆、彰化或對台東的瞭解。

是的，打從二十幾年前我第一次踏足東京，我對這城市著迷的程度就被身邊朋友視為東京通，有人甚至站在東京街頭，不知該去哪逛，而發求助訊息給我。但最近我愈來愈覺得自己不夠瞭解東京，或者說，我瞭解的部分太局限了，比起倫敦、巴黎和紐約這些大城，二十三個區的東京不僅幅員廣大，更恐怖的是有意思的點遍布各地，光是巡一下舊愛就占滿了時間，以致於難識新歡。久而久之，我的東京行雖然還是精采，但欠缺新意，讓我每次離開東京都有種莫名的失落感。

像我這樣直接從日本雜誌吸收新知的人，通常對台灣作者寫的東京書興趣不大，要比速度、豐富度都不是對手，但當我打開出版社寄來清志老師書的檔案，看到A to Z的目錄，不由得眼睛為之一亮，終於有人挑戰了這座山峰，A to Z對編輯來說是件麻煩事，為了湊齊二十六個字母傷透腦筋，但在這煩人的過程中，會壓榨出更多原本平鋪直敘不會出現的靈感。

我不想把清志老師的書當作旅行指南，我覺得它更像是提醒大家東京是如此廣闊、浩瀚的告示牌，不該老是封閉在自己習慣的路線，打開心胸、扔掉行程計畫，用全新的視角來玩東京，才不辜負這座很可能是全世界最精采的城市。

推薦序──一艘穿梭東京小宇宙的時光機

李明璁──作家、自由學者

因為研究興趣，我從二十年前便開始系統性地觀察在台灣各種有關東京的出版品，做為一個理解整體「哈日」趨勢的關鍵切點。比如九〇年代台灣年輕人對「東京」的凝視想像，大多與日劇的場景再現有關；而在千禧年後「韓流」（及其翻新的首爾意象）逐漸崛起同時，「東京」反倒進一步深植進我們日常生活的各個角落。

於此脈絡中，清志老師對東京建築與日式美學的細緻引介，帶領台灣大眾從哈日邁向「知日」、進而反思本土空間文化，一直扮演重要角色。清志的作品之所以迷人，關鍵就在於知識豐厚卻又趣味盎然。也因此在各種講座場合，不難發現他的讀者分佈極廣，不僅男女老少皆有，也常見專業人士與一般大眾共聚聆聽。

這本新書光是從A to Z的編輯構成，就可看出清志的巨大企圖──希望編寫一本跨越時空背景與融合多元事物的東京關鍵詞字典。能有如此博學的歸納功夫，以及處理圖文的審慎態度，基本上就已達成某種「日本性」的實踐表現。也因此，無論你是哪一類型的讀者，都能輕易找到共鳴入口，展卷愉悅地說：「真是有趣、真是好看啊。」

在「平成」已近尾聲、奧運就快來臨，日本又將邁入嶄新時代的此刻，清志老師精心建造了這艘穿梭東京小宇宙的時光機，絕對要來搭乘一趟。

推薦序　東京——持續演化增幅的「未來」之都

謝宗哲｜日本東京大學建築博士

結束東京留學生涯回到台灣已經有十二年了。但是實際上，我從來沒有「回來」的問題。因為那是個讓你一旦經歷過這個都市，就永遠難以割捨、心手相連的所在。因此，一年中，總要去個幾次，讓自己的日常生活也能夠與東京同步，才覺得日子沒有白過。甚至只是下了飛機、搭上地下鐵，就能夠與在那裡的一切再次聯繫上，連呼吸都變得自在。

對於東京最初的印象，我記得是小學五年級看《哥白尼21少年兒童科學雜誌》時所看到的、由日本建築巨匠丹下健三所提出的「東京計畫一九六〇」。這個在東京灣上建立人工島嶼、解決東京都人口爆炸的這個極具前衛性的未來世界計畫，震撼了依然懵懂的我，不僅讓我見識到東京在一九六〇年代就擁抱的關於未來的想像，更是啟蒙我打開探索未來之視野的契機。至於從孩提時代起就忠實收看的日本動畫，以無敵鐵金剛等機械人系列開始，一直到星際系列的宇宙戰艦與超時空要塞等等，則早就帶領少年，在他的腦海裡不斷上演著早已遠離苦悶現實生活與寂寞時光中一趟又一趟的驚奇未來之旅了。

我的東京「未來」初體驗

我一直都還記得九八年短暫待在東京日本語學校的短期留學期間，在某個週末假期的都市漫遊記憶。我搭著在村上小說《地下鐵事件》中登場的銀座線，從澀谷前往新橋，首次從那裡轉車準備搭乘東京灣岸線列車「百合海鷗號」。從入口乘上很長很高的電扶梯，上到漂浮在半空中的月台，這個非日常的空間體驗，揭開了這場夢之冒險的序幕，伴隨著人潮走進宛如太空船艙的銀色列車，然後就彷彿曾經在兒時所看到的動畫《銀河鐵道999》中所看過的那樣，整架列車在緩緩地啟動後陸續穿越汐留的超高層建築群，再繼續經由宛如在天空裡的軌道駛上彩虹大橋，飛躍東京灣，在注視著整個東京都天際線與海岸的過程中，登陸位於東京灣台場的這個如同置身未來世界般的臨海副都心。在這樣的震撼與感動中，我不僅看到了在那當下所呈現的未來，更在心裡堅定地對自己訴說這就是長久以來自己所渴望的應許之地，做出了總有一天要來到這個地方展開自己人生的重要宣告。

另一個建築奇遇則是我帶著東京建築地圖，首先來到了甫完工不久的Tokyo Forum。它座落在昔日的東京舊都廳基地上，是泡沫經濟時代下重金打造的公共建築，裡頭包含了四個劇場與巨大的地下展示空間，以及一個超大尺度的室內挑空大廳，幾可媲美中世紀宛如神與人們同在般的哥德式教堂規模；而懸浮在屋頂的則是個宛如船形骨架的梭形結構，置身當中就彷彿搭乘了太空船所作的星際漫遊。這兩大建築構造體之間挾著一條種滿著樹的開放空間與供人們步行穿越的都市廣場，創造出一個非常討喜而帶有某種安堵與親密感的內街廊空間。劇場空間與地下商店街的內裝大量使用金屬部材，更增添一份讓人們宛如穿越時空、抵達未來世界的錯覺。我那時候總喜歡帶著書在那當中的Café用餐，並在這個彷彿置身太空船艙裡的氛圍裡享受寧靜與安息，並馳騁於對屬於自己未來的點點滴滴想像當中。附帶一提的是，我在二〇〇二年所出版的第一本翻譯著作《安藤忠雄的都市彷徨》這本書，就是在Tokyo Forum的書店邂逅的，現在回想起來，這棟「未來式的建築」還真的為我打開了通往明日的門扉呢。

東京的未來群像：星際巡航的、古典摩登的、原始前衛的未來

我後來總算如願以償來到東京展開留學生涯，我首先入住在神奈川縣閑靜的郊區住宅，甚至房子後方有著田園的牧歌式風光景致，不過巧的是我每天通勤前往位在小田急線東北沢站的東大生產技術研究所，本身就是原廣司教授所設計的一棟具有High-Tech況味的、宛如宇宙戰艦般的長形新建築，每天的研究室生活又再次融入到太空漫遊的境地裡。另一方面，是二〇〇二年東雲住宅啟用、二〇〇三年東京的六本木之丘正式開幕，直接呈現了二十世紀初柯比意所提示之垂

直都市構想與可行性，揭開了屬於東京之都心居住的未來生活景象；而我後來也曾搬到位於台場的外國留學生宿舍，在生活的日常中真實體驗到柯比意昔日光輝城市的想像。那些光景，一直到現在都還依然鮮明地映照在我的腦海。那或許是我曾經最真實靠近過的「未來」了吧。

這些年來我未曾停止過持續「回到」東京，而關於東京的未來進展也同樣未曾停歇與止息過。例如9HR的太空艙式膠囊旅館無疑就繼承了代謝派健將黑川紀章的中銀膠囊大樓住宅，是屬於膠囊居住空間的更新加強版；然而，東京的未來也有其獨特的面向與品味，除了從明治維新以來的那套脫亞入歐的路數，為人所津津樂道的，便是日本也習於從自己的傳統與過去中找到另類通往未來的取徑，例如前一陣子沸沸揚揚的二〇二〇東京奧運國立競技場事件，最後在強勢的「歸零重來」的二次競圖之後，便由隈研吾的木構造和摩登設計提案凌駕伊東豊雄的方案，取代了原本建築女帝札哈．哈蒂（Zaha Hadid）的那棟帶有前衛流線造型的混凝土與金屬結構的建築，走出屬於東京的、日本自己的既原始又未來的一條路。

深愛東京如我，或許一直到生命的盡頭，我都會捨不得闔眼地持續凝視著屬於這個都市的姿態與容顏吧。因為東京，是個有著「未來」持續上演、永不落幕的「未來」之都。

推薦序——我的東京A起點

米力——視覺設計師

都市偵探清志老師的A↓Z東京建築地圖，我開了一台PAD、一台電腦，一面跟著老師的腳步鑽入各車站下來的路徑，一面把建築名稱或建築師名字貼到Google，順便看看地圖上的位置和建築師的相關文章，「哇，這樣啊！」「原來如此。」

二〇一五年六月因參加了《新天堂美術館》新書發表會而認識了清志老師，老師真的是我的建築旅行的啟蒙者，以往我為了工作去東京多是看雜貨看潮流趨勢，現在則多了看建築設計，這是完全不同的領域，但不失其連結性，說到底日本這個民族總有與時俱進的能力，將過去的傳統融入現在和未來的設計，領導趨勢的能力讓人佩服不已。

每個人都有一份東京的A起點，而我人生第一個踏出國門到的地方就是東京，也借此分享我的A起點。

一九八九年十九歲，跟著公司的前輩們來到東京出公差，所謂的出公差其實就是逛遍所有筆記本上標註的重要地標和商店，然後把兑換成日幣的出差金採買到淋漓盡致，目的是需用力吸飽最新的設計裝入腦袋帶回去。「我們是來開眼界的，得了解日本現在的市場概況。」上司說（後來我也是這樣提醒後輩）。

新宿東口的ＡＬＴＡ百貨成為我看到東京的第一個窗戶，你可能會說這不是特別的建築啊？但它讓我發掘自己有記住方向和各種事物連結性的天賦（笑），藉此啟發後來一連串開始寫雜貨寫陶藝的路徑的前因。

所以現在是從過去裡發生的。

我的Ａ起點

就光說ＡＬＴＡ百貨門口總有一些臨時的活動攤位，售貨人員總穿著切合主題的裝扮招攬人們的目光。這是粉紅色原宿的縮小版吧！B1和一樓總塞滿各種爆炸性的小可愛，對於一個直到十七歲才知道西門町有萬年的人來說，ＡＬＴＡ百貨已經是奇幻的世界。這種小可愛令人快速中毒。

ＡＬＴＡ百貨左手邊過去的百貨商圈和銀座的等級差不多，後來一九九一年改裝後的伊勢丹百貨店總門庭若市，成為首屈一指的大型百貨改造成功的經典範例，它回到了七〇、八〇年代全家一起逛百貨公司的那種期待興奮，各種策展式的主題也刷新了商業模式的窠臼，「就像遊樂場吧！」當時的執行長大西洋先生說。而本身也是一棟富有歷史感的優雅建築，訴說著百年故事。

ＡＬＴＡ百貨右手邊鐵道下有個秘密通道可通往西口（很多人不知道），舊青梅街道有一小段的風景成為日後我來日本常去的地方。但馬屋咖啡店十點就開始營業，是可以在裡面抽菸的老派咖啡店。如當天要飛回台北，我會選擇待在這裡畫圖，沒有約束的抽著菸、喝咖啡，很能啟發靈感。

「思い出横丁」有著一攤接一攤異常密集的傳統屋台，燒烤店和拉麵店在夜幕低垂時分總擠滿來吃飯聊天的上班族，但日文要會一點，這裡外國人少，每家店都很小，光應付當地人就不夠了。

西口的Mode學園蠶繭大廈令人無法忽視，由丹下健三創立的丹下設計，兒子丹下憲孝主導的作品，很難想像這是一棟培育的學園，包括美妝、時尚服裝等設計人才。西口也有觀光客熟悉的京王飯店和百貨，歷年來優惠的機加酒方案強勢行銷著三天兩夜的自由行，這裡簡直是台灣人來日本的第一印象。

南口和新南口比較新潮，從過去到現在都是。過去我們會去新南口的東急手和紀伊國書屋買當季的熱門商品和雜誌，住小田急南悅是好選擇，這也是一棟可以觀察鐵道的俐落現代建築。說到設計和都會潮流感，應該從這裡開始可以領略到氛圍的不同，喝著外帶咖啡、吃著排隊買到的甜甜圈，有種紐約客的體驗。

二〇一六年NEWoMan跟隨車站改建開幕後，一到日本新宿的女人們沒有意外的第一個出口一定轉向這裡，必逛Blue Bottle和AKOMEYA TOKYO，就如它宣示著：專為只追求好東西的成熟女性打造的百貨，多令人心動！

更別說我在CONVERSE TOKYO買了多少，這是老牌新生的典範，由CLANE的野口強到二〇一六年的落合宏理主導新設計，把品牌的標誌縮小到幾乎看不到的大小，但不失其高端的品牌框架。

西南口往東口一段可挨著車站走過去，這一段起伏很大，它和西門町很類似，不斷餵養新的消費族群便利快速暢貨的品牌，免稅的唐吉軻德或是運動用品，目標是讓來到日本只想消費的族群能快速買到心中的逸品。

又回到ALTA百貨前，過了往車站的馬路有一個設計完善的戶外吸菸區，這也是這幾年才有的。望著ALTA百貨上的巨型螢幕看板，一年又一年……東京一直在轉變，而我平行也在這流逝的光陰中學到美好的價值，我們有時會說從地點旅行「畢業」代表著它的能量不足以再帶來新的啟發，而東京的未來總是能吸引著我，不斷的從中發生新的火花，豐富了更多元的視野。

推薦序──迷走森林也幸福

吳東龍──日本設計觀察作家

最早接觸到清志老師的文章就是從他對東京建築的書寫開始。他絕佳的文筆流露著幽默、深入又廣泛的觀察，有著學識卻不說教，即便這位建築系老師沒有建造真實的房子，卻打造了一個人數無上限的想像空間，引領我們去參觀發現，還將時間之河巧妙安排於其間穿梭流動。

我總在文字中發現這位朋友有著旺盛好奇心，穩重外表下有顆熱情的赤子心，充滿活力，還能像偵探般比我們早一步探索城市中新奇、美好、甚至怪異的風景。老師嗜食甜品，所以少不了對東京美味的體驗見解；在東京的巷弄或角落裡的有特色的咖啡店，也少不了他的身影；他看日劇，也愛電影，所以筆下的地點與建築不僅是場景，而是能深切對應劇中情節故事，讓時空之外又多了一個感受的向度；你更能在他字裡行間感受他對生活的熱情之餘，還流露著親情、友情的感性情懷。

這次的東京書寫，他大膽用了A to Z的編法，極有難度，也再度凸顯了東京唯一不變的就是改變。不過，他正是能對這樣複雜又快速變化的東京，掌握它的前世今生，無論抽象或具象，過去到未來，一一如數家珍從不遺漏，梳理二十六個面向，每個又囊括不同的精彩與視野，並能在相互間連結歸納，自信貫穿猶如信手拈來，打造出一座就他所謂的「森林」，即便迷失其中，也會是一大幸福！請慢慢感受。

推薦序一跟著都市偵探一窺東京的美學密碼

張維中｜旅日作家

十一年前剛搬來東京的那一年，因為在早稻田大學就讀的關係，每一天都在周遭晃蕩。對於校內的一景一物逐漸熟悉了，不過，比起校園來說，我更喜歡的據點，卻反而是在步伐稍微遠離校區的地方。例如從22號館走向都電荒川線起迄站早稻田站，以及越過神田川通往學生宿舍和敬塾的那一段路。在那裡我第一次見到日本落英繽紛的絕美櫻花雨，也是第一次抱著朝聖的心，踏上了村上春樹小說《挪威的森林》舞台場景。

於是，翻讀著李清志老師的《東京未來派》，看到老師挑選到這一帶區域書寫，自然感到懷舊與欣喜。老師又在〈Death Space　死亡空間〉這一篇目中寫到早稻田旁的觀音寺。那寺廟側邊的小路也幾乎是我中午下課時，每天會穿越過去買便當的路。說來慚愧，當時望著那幢奇異的建築，只知與宗教相關，但總沒搞清楚來龍去脈。多年後，讀著《東京未來派》時，才總算豁然開朗其身世。

就像是這樣的感覺。住在東京這麼多年的我，閱讀《東京未來派》時，時而縈繞起舊地重遊的熟悉，時而也跳出未曾發現的新鮮。

特別喜歡看老師透過他專業的建築角度，重新發掘出我鍾愛的咖啡館與書店，原來還藏著許多美學的密碼。東京何以有著特殊的性格讓人念念不忘？李清志老師這次扮演起偵探，為讀者抽絲剝繭細心解密。

誠摯推薦

我的同窗李清志是一位浪漫的生活家，好奇城市偵探性格造就他成為台灣建築界最多著作的優秀建築學者。《東京未來派》既有散文般迷人的文字，又有字典般清晰的定義，更是開啟城市探險的關鍵之鑰。A to Z文章沒有前後關係，隨意翻閱皆有令人意外的幽默與驚喜；書中揭示了東京都市文化和它帶來的獨特建築與場所，深入淺出，是繼去年暢銷書《美感京都》之後又一令人期待的大作。

——**張基義**｜交通大學建築研究所專任教授兼總務長

李清志老師所書寫的東京，有一些東京現象、一些東京歷史、東京的人物傳奇、東京的藝術知識、東京的建築概念，更甚至是東京的悠閒生活樣貌。清志老師用A to Z的方式，加上豐富的知識底蘊與特有的都市偵探見解，輕鬆流暢地帶我進入熟悉卻也陌生的東京。雖然生活在東京，但依舊有好多待我去發掘的故事，我已經準備好帶著《東京未來派》，再度上街探索那些未曾見過的東京模樣。

——**李昀蓁**｜東京建築女子

不知不覺住在東京已經邁向第七年，平日如同在車站內以飛快的腳步穿梭自如的日本上班族，一起努力擠上電車，要喘口氣也難，很難認真或以新鮮的角度看待眼前的景色。所以一到假日，我堅決不宅在家，即便是尋找一間想去的咖啡店，都能讓我稍微逃避那份平日無形的壓抑，純粹以一個旅客的身份，漫步在這座隨時都在變化的城市。

我最喜歡東京的地方就在於「新舊並存」，那年當我還是個留學生時，親眼目睹下町地區建造晴空塔的過程，在淺草寺雷門的對街上聳立起隈研吾先生打造的淺草文化觀光中心，能免費眺望那條總是人聲鼎沸，充滿生氣的仲間世通。有復古到不知道該不該掀開暖簾踏進的日式旅館，也有最新型態的膠囊旅館，一樓還進駐了來自北歐，被《紐約時報》評價為世界最棒，值得坐上飛機去嚐一口的咖啡店。

在這本書中介紹的景點與建築，對我來說既陌生又熟悉，明明去過卻不曾發現原來存在著這樣的背景故事與理念。因此在閱讀的過程有種彷彿再次前往當地重遊的感受，甚至湧起想找個時間踏上小旅行的想法。我想這就是李清志老師嚴謹中帶有詼諧的文字敘述特有的魅力吧！希望大家在看了書後也會興起想出發到東京看看，想珍惜這些其實一點也不理所當然存在的可貴景物的心情。

——Miho｜「東京，不只是留學」版主、旅日作家

東京，這個令人又愛又恨的城市。

我熱愛著這城市的各個街角，每每帶來不同的驚喜與靈感。恨的是總是無法常住在這，就連待上整整一個月，總是覺得時間不足踏遍這座城市。但就是因為有所距離，才會對這座城市充滿了慾望。因為咖啡，認識了清志老師，循著老師的文字與對建築、城市細膩的見解，對城市漫遊有著更多的浪漫步伐。而《東京未來派》從A to Z不同的觀點來探索這座城市的角落，建築、咖啡、文化，種種變化多端的因子，也是這座城市無限迷人之處。

建議配合著Google Map使用，隨時加上下段旅程的必訪之處！

——Chez Kuo｜作家、編輯

「東京的未來，會以什麼樣的姿態呈現？」

為迎接二〇二〇東京奧運，這座城市正不斷的變動。《東京未來派》著作，李清志老師以他獨到的觀察眼光，寶貴記錄了東京不同面向的城市觀察，也帶出

東京未來的想像延伸，將這個觸動人心的城市留下了深刻、細膩及有溫度的文字書寫。

讓我們跟著《東京未來派》一同加入東京的城市偵探團！漫遊探尋東京的城市魅力與感受層次豐富的文化樣貌。

——**林靖格**｜「Gridesign Studio 格子設計」負責人

手機隨時能搜尋導航的旅行時代，網路如同一本厚重卻沒有目錄的資料，我們透過關鍵字找到想要的資訊，卻無法清楚說出自己想去的地方。

閱讀李清志老師的書，總是讓人感覺像有位領航員陪自己一起散步，在陌生街道穿梭，手指一旁的建築娓娓道來背後故事。從派出所到教會、美術館到澡堂，他再度以豐富的建築涵養和對旅行的熱愛，熟門熟路地帶領我們探索東京這個城市。旅行是一場立體的閱讀，而這套書就像畫滿記號的地圖，它不能回答你所有的問題，卻能讓你找到下回旅行的方向。

——Hally Chen｜作家

自序｜東京編舟記

東京一直是我最喜歡去旅行的城市之一，這座城市兼具傳統與前衛，科技與自然，每年都有令人驚豔的改變！也讓旅行者無法抗拒這座城市的魅力，會忍不住一而再，再而三地前往旅行。

戰後的東京，從廢墟重建，歷經多次大改造，終於蛻變成今天這座繁榮興盛的大城，不斷的蛻變是這座城市常保新鮮有活力的秘訣。在二〇一〇年威尼斯建築雙年展中，日本館由塚本由晴、西澤立衛共同參展，因為當年剛好是日本「代謝論」發表五十週年紀念，他們以「代謝論」（Metabolism）為思考主軸，認為東京這座城市其實從以前到現在，就持續不斷地自我進行小型的改造變化，就如細胞的新陳代謝一般。

除了日常的小型新陳代謝之外，東京多年來也進行過多次大改造的手術，一九六四年東京奧運會的舉辦，可說是東京大改造的催化劑。舉辦世界級大型活動（例如世博會或奧運會），是城市進行大改造最好的契機，因為為了達成城市宣傳與建立城市地位，所有的奧運主辦城市，無不想盡辦法大興土木，讓城市煥然一新；事實上，藉著運動會的建設，城市設計者也可以名正言順地進行城市大改造，讓這座城市在短時間內脫胎換骨，進化成另一個版本的先進城市。

在東京發展的歷史中，我們可看見一種奇特的模式（或是巧合），每次在浩劫之後，就會以蓋鐵塔的方式作為復興的象徵，然後以奧運作為復興後的城市力量之展現。二戰結束後，東京一片廢墟，人們在廢墟中重建生活，同時東京鐵塔也慢慢建造起來，一九五八年鐵塔落成啟用，象徵著戰後復興任務的完成，然後大家以新的實力去迎接舉辦一九六四年的東京奧運。

二十一世紀二〇一一年東日本發生三一一地震與海嘯，引發福島核災浩劫，使得日本陷入浩劫廢墟之中，但是二〇一二年「晴空塔」落成（這是第二座東京鐵塔），再次為日本東京帶來新的希望，然後開始預備二〇二〇年的東京奧運。

東京六〇年代主辦奧運會，讓日本有機會展現戰後重建的能量，同時也展現其自信心。當年日本政府並未大規模引進外國建築師來參與奧運建築的設計建造，而是以建築之神丹下健三為主導，規劃奧運會整體的建築空間，一方面讓外國看見日本人自己建設的能力與信心，另一方面，也培植了國內建築師參與重大工程的經驗與技術。丹下健三當年所設計的國立代代木競技場，富藝術性的高超結構體，也是日本建築傲人的傑作，後來憑此技術，丹下又建造了宏偉的東京聖瑪麗亞大教堂，至今仍是東京重要的文化財，也是丹下健三死後舉行追思會的場所。

當年奧運會的舉辦，推動了東京市區的大改造，包括首都圈高速公路、羽田機場擴建、地鐵日比谷線通車、新建機場聯絡單軌電車等交通建設，並興建大量國際級大飯店，促成首都圈內現代高級住宅的興建，讓人口慢慢回歸都心來居住，對東京這座城市帶來極大的變化。

很少城市像東京一樣，可以有兩次舉辦奧運會的機會！第一次的東京奧運是這座城市的大改造，而這次的東京奧運會等於是東京在新世紀另一次改造的機會。

這次奧運的主要規劃設計，包括解構主義建築師札哈・哈蒂（Zaha Hadid）所設計，造型流線酷炫的主場館，以及灣岸地區大型的選手村與各種項目的運動競技場。不過也因為主場館太龐大，影響神宮外苑景觀，遭到日本建築師伊東豊雄等人的公開抗議（最後竟然改用隈研吾的設計方案），而歷史悠久的築地魚市場也因為計劃搬遷到灣岸，而引起東京居民的抗議。

對都市設計者而言，奧運的舉辦是帶動都市更新開發的最佳時機，許多聯合開發案相繼推出，令人欣慰的是，日本東京這幾年來的大型都更計劃，不僅創造出建商利益，更新地區建築景觀，更創造出許多美好，供民眾共享的開放空間，讓都更計劃真正造福全體城市居民！

在第二次東京奧運前出這本書別具意義！

因為東京可以說是我最常去旅行的城市，而且也是都市偵探進行城市觀察的最佳地點。二十多年的東京旅行觀察，從以前使用一本已經翻爛的東京地圖本，到現在可以使用手機谷歌地圖，東京總是有許多新奇的事物吸引著我去探索。

書名稱作是「東京未來派」，談的不是義大利歷史上的「未來派」（Futurism），而是在描述東京一直存在著的一種精神，那是一種一直想要創新，擁抱新奇事物的態度；這也是東京明治維新之後一直存在的精神內涵。

想要書寫東京這座城市是不容易的，這座城市太多元、太複雜，難以用某個簡單的主題來歸納，所以我試圖用A to Z的方式來書寫這座城市，以一種近乎拼圖的方式來書寫東京。用A to Z的方式書寫一座城市，好像在編撰一本辭典一般，這讓我想起石井裕也導演的電影《編舟記》（二〇一三）。

《編舟記》的主角內向但專注，畢業後投入出版社編輯辭海的工作，那是一個耗費精神、心力與時間的艱難工作，但是他卻不以為苦，反而甘之如飴，與編輯團隊在地下室默默地做著編輯辭海的工作，經歷十多年的時間才完成，甚至總編輯都先過世，未能見到辭海的出版。

《編舟記》裡的總編輯曾對主角說：「人類就是通過辭海這葉小舟，在浩瀚的海洋上找到最能表達心情的語言。」我在書寫東京城市A to Z時，感覺也像是在編寫辭海一般，我希望這本關於東京的書，也像是一葉小舟，可以幫助讀者在東京這座多元複雜的海洋中，找到理解的方向和線索。我不敢說這本書包含了東京的總總面向，但是我希望這本書可以向讀者們傳達出我所理解的東京。

不過我必須說，書寫東京的工程雖然龐雜巨大，但是書寫的過程對我而言卻是開心的！我想到《編舟記》裡說的：「年輕時候能夠找到一份自己熱愛的事業，並且將它做到極致，認識幾個志同道合的朋友，有愛人相伴，這樣的人生足以幸福的讓人跳腳了吧！」我覺得我可以開心寫一本東京的書，應該也是幸福的吧！

藝術空間
Art Space

東京是藝術家的天堂

東京這座超級城市，從明治維新以來，就努力吸納世界各國多文化精華，但是在西化過程中，卻也沒有忘記自己的傳統文化；在維新過程中，幻化出自己的新世紀文明，所以在東京這座城市裡，雖然可以看到全然西方的事物，卻也可以感受到許多東方文化的精神，這也是為什麼，西方人第一次來到這座城市，感覺既熟悉、卻又陌生，覺得舒適、卻又難以習慣。

在這座各種文化匯集的城市裡，也成為培養國際級藝術家的溫床，知名的日本藝術家岡本太郎、草間彌生、奈良美智、村上隆等人都是從東京發跡的，也將日本特有的文化傳統精神發揚光大，讓世界藝壇刮目相看。

岡本太郎的太陽怪獸

岡本太郎可說是日本戰後青春爆發時期的代表性藝術家，他的名言：「藝術也是一種爆發！」一直留給人一種強烈花火般的印象，他的作品與戰後前衛建築師丹下健三、磯崎新、黑川紀章等人的建築，同樣是屬於未知惑星般的世界，令當代人們迷惑與震驚。

岡本太郎最有名的作品就是一九七〇年大阪萬國博覽會的「太陽之塔」，這座奇特的巨型雕塑，有如怪物蟲體，又具有人臉與伸出的觸手，巨大詭異的造型，讓許多人覺得根本是來自異星球的怪物，甚至有小朋友來到大阪太陽塔前，看見這座巨大的怪物，竟然放聲大哭！

岡本太郎的太陽塔在世界博覽會上，與丹下健三、黑川紀章的前衛建築，共同組構成一個科幻般的異世界，讓人驚奇不已！這次的博覽會因此被視為日本戰後重新朝未來邁進的里程碑。不過世界博覽會結束之後，那些前衛科幻的建築作品先後被拆除，大阪世博會場也改建成廣闊的世博公園，成為市民假日活動的好去處，唯獨巨大的太陽塔依然聳立在公園入口處，成為世博公園重要的地標物。

東京南青山的岡本太郎紀念館，是他生前的住家及工作室，在這個地方可以看見許多充滿創意與驚奇的事物，大大小小的怪物雕塑，想必在戰後當年嚇壞不岡本太郎在青山學院前的作品「兒童樹」，詭異又具爆發力！

澀谷車站內「明日的神話」壁畫是岡本太郎具傳奇性創作。

少鄰居民眾，即便是現在去參觀，我們還是會為他的奇幻想像感到驚奇！觀察岡本太郎的作品，我們可以感覺到他受到藝術大師畢卡索的影響，事實上，太陽塔上的臉孔就是畢卡索立體派面孔的手法。

不過岡本太郎終究是具有日本精神，他的作品經常是與太陽有關，可說是日本太陽帝國的一種變形。他的另一座大型作品是一九六九年的「明日的神話」壁畫，位於澀谷車站地下連絡道，這件作品創作動機是源於日本漁船「第五福竜丸事件」，美國在南太平洋核能試爆，造成日本捕鮪魚船的受害。他原本是為墨西哥的一家飯店繪製的，但是後來這家飯店關閉後，岡本太郎的壁畫就不知下落，直到三十多年後才奇蹟式地被人在墨西哥一個倉庫中發現，日本人想盡辦法將壁畫弄回日本，修復後安置在澀谷車站地下連絡道上，每天有三百萬人經過看見。不過這幅大型壁畫「明日的神話」，紅色的爆炸主體被黑暗的背景所包圍，令人有一種詭異恐怖、不寒而慄的感覺。

在東京市區青山學院大學前的兒童樹（Tree of Children），以及銀座街頭敷寄屋公園的時計台（Young Clock Tower），都有岡本太郎太陽怪物的身影，他的奇特作品已經變成日本現代藝術大爆發的具體象徵。

岡本太郎紀念館
地址：東京都港區南青山6-1-19
電話：03-3406-0801
營業時間：10:00-18:00，每週二休
交通：從「表參道站」B3出口出來，步行約8分鐘

岡本太郎紀念館內的「太陽塔」模型。

奈良美智A to Z小木屋

日本知名藝術家奈良美智畫筆下的小女孩，成功擄獲了全球藝術愛好者的心，因為這樣的小女孩，帶著無辜又有點邪惡的表情，似乎反映出許多人內心隱藏的情緒；事實上，這個小女孩也是奈良美智成長過程中的某些心情寫照。

奈良美智之所以受全球粉絲的喜愛，是因為他一直保有赤子純真的心，即便是已經名聞全球，他還是經常一副靦腆害羞的樣子，從不會為名利雙收而展現出暴發戶的霸氣凌人。他成名後也沒有因此變成富豪打扮，仍舊是樸素的牛仔褲裝扮，甚至依舊在鐵皮屋的工作室奮力創作。

他每次在世界各地展出時，都會在展場建造一座小木屋，用來陳設他的插畫與物件。這一棟棟小木屋是他與graf設計團隊共同合作，利用當地撿拾來的廢棄木材，打造出的簡陋小木屋。每次展出搭建的小木屋都不一樣，也有許多當地的義工參與協助建造，每次展覽結束後，大家就一起喝啤酒慶功，然後放一把火把小木屋燒掉！

二〇〇四年奈良美智在台北當代藝術館展出時，也蓋了一座小木屋，當時也有許多國內義工參與建造，小木屋被布置成奈良美智的工作室，簡陋卻又溫馨；他曾經表示，只有在他小小的工作室內，才會讓他感到最自在愉快！而且這樣的在 A to Z café 裡可以體驗奈良美智的小木屋，了解到他創作的初心。

A to Z café
地址：東京都港區南青山5-8-3 equbo大樓5樓
電話：03-5464-0281
營業時間：平日11:30-23:30，假日11:00-23:30
交通：從「表參道站」B1出口出來，步行約1分鐘

小木屋讓他沒有忘記自己的初衷。

二〇〇六年奈良美智與graf設計團隊在東京南青山，特別開設了一家「A to Z café」，店內依照展覽方式，建造了一座小木屋，讓奈良美智的粉絲們常常可以一睹小木屋的真面目。「A to Z café」供應簡餐、咖啡飲料，天天吸引全世界藝術人士聚集此地，在這裡特別能感受到一種純真的心情，讓人可以卸下城市文明的虛偽與防衛。

在「A to Z café」中四處張望，看見壓克力作的PEACE圖案中，裝著許多人親手作的布娃娃，奈良美智的小娃娃圖像也出現在小木屋中，粗糙的廢棄建材呈現出樸質的美感，帶著親切與溫潤的觸覺，也讓人想起兒時記憶的某些片段。

我在小木屋牆上發現了一句塗鴉文字，寫著：「Never forget your beginner's spirit!」或許這就是奈良美智一直提醒自己，也提醒大家的話：「永遠不要忘記你的初衷！」

在澡堂欣賞李禹煥的畫作

東京早年的日本房子其實並沒有浴室的設備，因此所有人都是到街上的「錢湯」去洗澡，所謂的「錢湯」就是公共澡堂，因為要收費才能進入沐浴泡澡，因此被稱為「錢湯」。在電影《送行者：禮儀師的樂章》中，主角為了不讓妻子知道他從事禮儀師的工作，每天下工之後，都特別到公共澡堂去全身清洗乾淨，以免處理屍體的臭味被妻子聞到。

事實上，東京早期的公共澡堂也是充滿各式各樣的怪事，因為澡堂內蒸汽煙霧瀰漫，加上照明不佳、陰暗漆黑，有人在澡堂內小便，居然沒有人發現；更誇張的是，竟然有人帶小狗到澡堂洗澡，真是令人匪夷所思。

錢湯內分為「男湯」與「女湯」，老闆就坐在入口處正中央，一座高起的木台上，後方貼有錢湯的價格，以昭和二十八年（一九五三年）為例，大人是十五元，中人（小學生）是十二元，小人（未上學幼兒）則是六元，另外販賣洗髮精十元，顧客進門繳交費用之後，隨即進入老闆身後的「男湯」或「女湯」。

「男湯」與「女湯」之間隔著一道牆，木牆並未封閉到頂，在天花板下仍留有一道空間讓空氣流通。因此泡澡時雖然男女彼此看不見對方，卻可以聽見談話嬉鬧的聲音，充滿了想像空間，同時也是八卦流言的交換製造中心。台北地區目東京傳統的錢湯被改造成地方美術館。

前僅存新北投的瀧乃湯，依舊擁有傳統錢湯的氛圍。

今天的東京市區，西式建築大部分都設置有浴室，因此昔日的澡堂也逐漸式微，不過傳統的澡堂雖然消失，但是仍舊有許多現代澡堂繼續服務著社區居民。我的學生到日本東京念書，在新宿地區租了一間房子，進駐之後才發現房子只有廁所，並沒有浴室，想要洗澡就必須像偶像劇裡的情節一般，端著臉盆、穿著木屐，到街角的澡堂洗澡。

東京市區目前只有極少數的傳統錢湯建築，有些已經改成藝文中心，他們在澡堂中舉辦研討會或演講活動，甚至舉行小型的演唱會，參加群眾則一面泡澡、一面欣賞演唱會，十分有趣！

位於東京谷中地區的SCAI澡堂美術館，是一棟由傳統錢湯／柏湯改造而成的美術館。整座美術館保留澡堂的空間，入口處還有一格一格的置物櫃，門前的大水塔依舊保留。有趣的是，這座澡堂美術館不僅不收費，還經常舉辦世界級的藝術大師展覽。我前去參觀當天，正舉辦著韓國藝術家李禹煥的作品展。李禹煥是當今藝壇聲望極高的藝術家，其作品在紐約拍賣市場數度創下高價，安藤忠雄在直島還特別為他設計了一棟李禹煥美術館，那是安藤忠雄首次為單一藝術家所設計的美術館。澡堂美術館正門口可以看見一座花籃，是日本藝術家村上隆所送的，花籃十分特殊，是由奇特的花材松樹、蔥花、海生植物所組構成的，果然是現代藝術家的風格。

日本文學家經常在泡湯中得到靈感，《噗通——從溫泉出發的近代日本文學史》一書作者嵐山光三郎曾經有這樣的描述：「連續趕了幾天稿子，全身連骨頭縫隙都塞滿如螞蟻般的文字，而這些文字因為熱水全都化開，溶解在血肉之中。」這樣的感覺，相信許多文字工作者都會有相同的經驗。

其實對於疲憊的旅人而言，錢湯也是一座重新得力的休息站。有一回來到東京近郊的古都鎌倉，在街上看見一座古老的錢湯，屋瓦上佈滿了青綠色的苔蘚，充滿了古意與詩情；興沖沖地推門而入，放下沉重的相機與背包，投入熱氣迷濛的浴池，讓自己躺在浴池中，享受熱水環抱的感覺，頓時所有旅途疲憊與沮喪都會一掃而空，感覺重新有了力量與勇氣，去面對新的旅程。

SCAI澡堂美術館
地址：東京都台東區谷中6-1-23柏湯跡
電話：03-3821-1144
營業時間：12:00-18:00，每週日、週一休
交通：從JR「日暮里站」西口出口出來，步行約9分鐘

B
書的空間
ook

愛書人的天堂

日本人基本上還是喜愛書的民族，不管是新書或是古本書，總是能夠在這座城市裡找到喜愛的族群。在東京搭乘電車，也經常可以看見乘客拿著文庫本小說在閱讀。日本人在閱讀書本中，獲得一種沉靜的力量。

我父親在東京的年代裡，東京最有名的書店區是在神保町，至今仍然保有好幾家老書店；但是在書店逐漸式微的年代裡，東京的新書店開始以獨特的策略，開創出令人驚豔的書店風景；每家書店都有其獨特概念與創意，可以說是個性化書店時代的來臨。

COW BOOKS

松浦彌太郎的乳牛書店

櫻花盛開的季節，我們沿著中目黑小溪畔漫步，感受春天都市裡難得的美好時光。這些年來，中目黑儼然成為東京另一種流行文化的發信地，那是一種不同於澀谷或原宿的美感經驗。

悠閒的新世代年輕人，占領了這個不起眼的城市角落，他們與上一代日本上班族截然不同，腦袋中存在著戰後富裕社會下所產生的OFF哲學，渴望有更人性化、自然、悠遊的人生。上一輩的日本人，以進大型企業為榮，成天過著按時上下班，機器人般的刻板生活，一輩子奉獻給企業，最後竟然換來過勞死的命運；因此許多日本年輕人希望脫離制式的人生軌道，尋求體制外的生命出路。

松浦彌太郎在其著作《最糟也最棒的書店》中，談到現代日本年輕人應該不要放棄「選擇」，選擇去過一個不一樣的人生，他說：「如果有人問，不上班又能賺錢過日子的方法是什麼樣的方法，我會告訴他就是『絕不放棄』。從事自己最擅長的事，其他人會覺得開心、自己也會開心的事。雖然無法成為第一名，但是自己唯一會的事，形形色色的事都可以。也許這樣的路會很漫長，也許會很辛苦、很勞累，可能生活拮据，但一定會有感受到幸福的瞬間。」

松浦彌太郎十八歲就旅居美國，高中都沒有畢業，也從未念過大學，卻曾到

Cow Books乳牛書店（見p51照片）
地址：東京都目黑區青葉台 1-14-11
電話：03-5459-1747
營業時間：12:00-20:00，每週一休
交通：從「中目黑站」出口出來，步行約7分鐘

處打工，浪跡天涯。三十歲回到日本後，經營了一家「行動書店」，他開了一台中型貨車，四處流浪賣書。他居然也在移動的過程中，找到了生活的樂趣，他認為他利用「行動書店」到各個地方，其實就是一種旅行。他說：「坐新幹線或飛機會失去到目的地的距離感，但是以卡車移動，就可以實際感受到旅行的路程。真實地感受距離感，可說是旅行的醍醐味，也可以說是一種樂趣。」

二〇〇二年松浦彌太郎開始正式在中目黑附近經營了一家叫做「COW BOOKS」的書店，書店面對中目黑的溪流，門口就擺了一隻乳牛的模型，令人聯想到台灣高雄木瓜牛奶的門面。「COW BOOKS」書店內，正中間擺著一張大書桌，有優雅的檯燈陪襯，周遭書櫃環繞，書櫃上還有跑馬燈，隨時提醒大家松浦先生的理念。坐在書桌旁看書，還可以點杯咖啡啜飲，享受咖啡館中讀書的悠閒情境，讓人忘了自己身處於書店之中。

我真的很懷疑這樣的書店是否可以賺錢？不過這樣的思維似乎是太俗氣了！這間書店是松浦彌太郎心目中的理想書店，既是理想書店，就不該只想要賺錢而已。我心目中也有一間理想中的書店，只是至今我仍然沒有勇氣開店，或許這就是松浦彌太郎令人欽佩的地方吧！

只賣一本書的書店

繼松浦彌太郎的「乳牛書店」之後，森岡督行的「一本書店」可說是概念性最為強烈的一家書店。他以「一冊、一室」的概念，一週只專賣一本書。對於他的書店而言，書店不是只為了賣書，而是為了彰顯書的個體之存在。

他在銀座後面街區，找到一棟昭和時期的舊大樓，在一樓一間小小空間，開啟了他的「一本書店」，只賣一本書的書店，這樣的概念太純粹、也太強烈！我總覺得森岡督行根本是觀念藝術家，「一本書店」就好像他的行動藝術作品一般。這位光頭卻又溫文儒雅的書店主人，經常就坐在書店裡，守著他的觀念藝術作品「一本書店」。

這間書店果真引起了眾人的矚目，也為森岡督行獲得了一些獎項，在這個書店卑微的時代，開書店至此，也算是大幸！我跟森岡先生聊聊，發現他對於建築也頗有研究，我們聊現代主義、聊日本代謝論，覺得十分開心！

我常常想，「一本書店」裡的書是何等的榮幸，可以受到貴賓式的禮遇，整家書店就專賣一本書，所有目光的焦點都在這本書上，我多麼希望我的書可以在這樣的書店裡販賣，這樣的想法最後的結論是，不如我自己來開一家！

森岡書店
地址：東京都中央區銀座1-28-15　鈴木大樓1樓
電話：03-3535-5020
營業時間：13:00-20:00，每週一休
交通：從「新富町站」2號出口出來，步行約3分鐘

世界上最美的書店

台北的誠品書店可以說是這座城市的驕傲，許多觀光客到台灣一定要去誠品書店，體驗台灣的書香文化空間，這是其他華人城市所沒有的獨特書店，特別是二十四小時的誠品敦南店，更是觀光客讚歎羨慕的台北特色。日本人長久以來就是愛讀書著稱，他們在電車上、月台上、咖啡店、公園裡，都會拿起書來閱讀，他們雖然愛讀書，不過以前卻沒有像誠品書店這樣的高品質書店空間。

東京蔦屋書店的出現，卻令人驚豔不已！這座在東京代官山高級住宅區的書店，奢侈地以一種低密度的森林書店形態呈現，創造出一個堪稱世界上最美的書店空間，由旅日英籍建築師組成的KDa（Klein Dytham Architecture）所設計，建築師就是以「森林中的圖書館」為設計概念，塑造出一個人文與自然平和共處的空間。

書店建築的外牆採用蔦屋書店的名字「TSUTAYA」的T字，組構成整個牆面，猶如編織一般外牆，更顯其細緻與優雅。「TSUTAYA」書店過去在城市中出現，就是一般連鎖店的制式印象，販售著二手書籍、錄影帶與錄音帶。但是代官山蔦屋書店的出現，大大改變了人們對這家書店的看法，可說是一座十分成功的企業旗艦店。

代官山蔦屋書店
地址：東京都澀谷區猿樂町17-5 T-SITE大樓1樓
電話：03-3770-2525
營業時間：07:00-02:00
交通：從東京急行電鐵「代官山站」出口出來，步行約5分鐘

蔦屋書店在代官山的丘陵上，以三棟兩層樓的建築組成，二樓部分有天橋連接，採光非常良好，穿梭在書店建築間，猶如在森林中遊走，看著天光從森林枝葉間灑下。更有意思的是，二樓有咖啡座及窗邊的ＣＤ試聽系統，許多人都喜歡悠閒地坐在窗邊，享受書香、咖啡香，以及輕鬆的音樂與窗外自然的景色。這樣的書店在寸土寸金的東京市中心區，真的是十分奢華！

書店建築後方還有數棟低密度的建築，經營著餐廳、各式商店，以及寵物醫院等等，組成一座宜人的小村落，漫步其間，可以消磨一整個週末下午。這樣一座自然庭園與建築緊密結合的書店形態，讓我想起台北誠品書店以前在天母中山北路七段上的那家書店，同樣是自然庭園與建築的美好組成，可惜多年前，那家書店就已經消失了！

如果一座城市出現許多書店與愛書的人，代表著這座城市的文化水平已經達到某種階段；那麼代官山蔦屋書店的出現，則顯示出東京這座城市的文化已經進化到了另一種境界！

湘南T-Site
地址：神奈川縣藤澤市辻堂元町6-20-1
電話：0466-31-1515
營業時間：一號館、二號館08:00-22:00，三號館09:00-21:00
交通：從JR「藤澤站」北口出口出來，搭乘巴士約6分鐘

追求幸福感的書店

代官山的蔦屋書店一炮而紅之後，蔦屋書店相繼在東京地區開設了湘南T-Site、二子川蔦屋家電等店，每家店都有其地區特色與營運模式。湘南T-Site著重服務郊區生活民眾，因此這家店空間很廣大，並且設置有許多停車位，以及親子家庭餐廳，湘南店的感覺也比較悠閒自在，與市區的書店有很大的差別。

湘南地區的人常常以「衝浪客」（Surfer）自居，所以這家書店的經營理念也以衝浪客的理念與生活態度為主，週末時常常會舉行戶外市集活動，許多打扮有如六〇年代嬉皮或衝浪者的人，擺攤販售衝浪客理念的生活小物，基本上蔦屋書店還是十分看重地區民眾的文化取向。

位於銀座Ginza Six的蔦屋書店則呈現極大的反差，一種屬於城市文化的極度奢華與精緻，在物慾橫流的銀座商業區裡，有書店的存在，似乎消弭了些許對於資本主義的罪惡感。

不過整層樓堆滿書的感覺真好，一種知識殿堂的富麗堂皇，除了書籍的妝點之外，商場天花板懸掛的草間彌生南瓜，大大小小有如熱氣球般，撩撥大家的心靈，也帶來某種歡愉的氣息。不過，蔦屋書店銀座店基本上仍然是Ginza Six的一部分，總還是以商場交易的目的為主，缺少了寧靜與思考的閱讀氛圍。

蔦屋書店的創辦人增田宗昭曾說：「我們不是賣書，是賣生活提案。」蔦屋書店就像是一本雜誌，主題是「令人期待的生活」，裡頭編纂了一百篇讓人想讀的專欄，所以不管是在哪一家蔦屋書店，都還是會讓人津津樂道！

不論如何，我非常贊同增田先生曾說的一句話：「追求效率，不代表人就會幸福。」如果書店只是在想著如何節省開支、增加效率、抬高利潤，將所有精神放在這些事上，結果忘記如何增加人們的幸福感，到頭來也是枉然的。

蔦屋書店不以一般商業世俗手法去追求利潤，反而去追求人們心目中的幸福感，結果開創出另一種形態的書店，更在書市蕭條的電腦時代，創造出令人驚訝的業績，這種創新獨具的思維方式，值得我們思考。

Ginza Six
地址：東京都中央區銀座6-10-1
電話：03-6891-3390
營業時間：10:30-20:30
交通：從「銀座站」A5出口出來，步行約2分鐘

神秘的書店旅館

位於池袋的Book & Bed是一家神秘的書店旅館，提供背包客在書店氛圍中安眠，入口非常隱秘，讓第一次來的人不得其門而入，搖一搖門鈴，牆壁木板突然降下來，接待小姐露出一張臉，訂位付錢後，會給你一組密碼，在門口輸入那串密碼，門才得以打開，讓你進入另一個奇異的書香世界。

所謂的書店旅館，只是在書櫃後面設計規劃隱藏的床位，天花板牆壁都是書，感覺好像是在哈利波特七部曲的圖書館裡作夢！事實上，就是睡在書櫃後方，以前在圖書館聞著書香打瞌睡的人，來到這裡應該很好睡吧！書店旅館應該是很多讀書人的夢想吧！坐擁書城、睡臥書堆，一種文青式的天堂異境；讀書讀到睡著，作夢也在讀書，覺得自己是思想非常富足的人！

複合式的商業經營是這幾年的流行商業模式，最容易的行業應該是咖啡店。咖啡店可以與服裝店、選物店、書店、糕餅店，甚至花店、葬儀社來結合，咖啡店與書店的結合也很多。但是，書店與旅店的結合並不多見，因此Book & Bed的出現，也引起了極大的討論與迴響。自從Book & Bed在東京出現後，類似方式經營的書店也開始出現，書店的經營模式自此又進入了一種新的生態模式。

Book & Bed
地址：東京都豐島區西池袋1-17-7 Lumiere大樓7樓
電話：03-6914-2914
白天參觀時間：13:00-20:00，當日住宿申請到14:30
交通：從「池袋站」C8出口出來，步行約1分鐘

C
afé
東京咖啡館

東京市民的第三場所

東京這座超級大城市，擁有許多的咖啡館，可謂是「三步一小家、五步一大家」。有時候我覺得東京之所以有這許多咖啡館，並不是因為東京人真的喜歡喝咖啡，而是因為他們每天搭電車奔波通勤，花在走路的時間很多，所以實在很需要歇腳的地方，而咖啡館便成為一般市民歇腳喘息的場所。

而且東京人的住所一般都很小，因此也很少人會帶朋友回家談事情，咖啡館作為「第三場所」，便成為東京市民的客廳，接洽公事、談天敘舊，基本上都會約在咖啡館，所以咖啡館也成為東京生活裡，十分普及的公共空間。

FUGLEN ESPRESSOBAR COCKTAILBAR VINTAGE DESIGN

築地魚市場裡的咖啡香

日本東京最有名的築地魚市場，因為東京奧運的城市改造，被遷移到豐洲地區，原本位於築地的魚市場將永遠消失。這件事對於喜歡吃魚又習慣築地市場的東京人而言，可說是件重大的事情！若不是因為要舉辦重要的奧運會，東京人應該不會輕易地將築地魚市場遷走！

每天清早大批的魚貨會被送到築地市場，而東京市區大大小小的餐廳、壽司店、割烹店等等，廚師們都會聚集此地，挑選最新鮮、最優良的魚貨，可以說築地市場是與所有東京人腸胃最有關係的地方！龐大的魚市場裡，除了批發魚貨的場所之外，也有許多販賣周邊產品的商家，包括水果、蔬菜、肉類，以及玉子燒、甜不辣，甚至各地特產，還有許多餐廳使用的餐飲道具、材料等等。

最有趣的是，魚市場周邊還有許多小型壽司店、麵店或咖啡店，原本是供應市場工作人員、顧客早餐所設置，但是因為食材都很新鮮美味，所以也吸引了許多觀光客前來嘗鮮。每天一大早，來自世界各地的觀光客就會湧入築地魚市場，來看市場裡壽司師傅支解大隻的鮪魚，同時也到市場壽司店及小吃店吃早餐，早餐吃到當天運來、當天宰殺的新鮮鮪魚，應該是十分幸福的事吧！

築地市場裡使用一種奇特的運輸車輛，是別的地方所未見的。這種運輸小車築地魚市場中，歷史悠久的愛養咖啡館，隨著市場的遷移，熟悉的記憶已不復存在。

以瓦斯或電力為主，將動力系統與操縱系統整合在一個圓筒中，圓筒上方是大方向盤，駕駛者就站著，手握方向盤操作。這些運輸小車穿梭在築地漁市場內，十分便利快速，整個市場情景猶如科幻電影一般，令人感到夢幻與超現實！

我不喜歡去觀光客超多的壽司店排隊，反倒喜歡去名店「壽司大」旁邊的老派咖啡館「愛養」。這家咖啡店提供簡單的咖啡與烤土司早餐，有如幾十年前的老咖啡館情調。店主人是一對老先生與老太太，老先生負責沖泡咖啡，老太太則在外場端咖啡服務，見證著築地市場的悠久歷史，以及老去的黃昏景況。

咖啡店提供的早餐很簡單，不過就是烤土司、奶油、果醬，或是多顆白煮蛋，說實話，並沒有什麼好吃！而且咖啡店非常狹窄，如果坐在吧台的位置，幾乎就是背貼著牆壁，阻礙了其他顧客的進出。

不過大家喜歡來「愛養」喝咖啡，就是喜歡這種老派的味道，喜歡看著老闆泡咖啡時，老態龍鍾卻專注的神情，喜歡擔心老闆娘發抖著端咖啡的緊張，更喜歡跟大家在大清早擠魚市場，在魚腥味的混亂中喝咖啡。

築地市場的遷移，對於許多東京人而言，有許多的不習慣與不捨，畢竟大家所熟悉的市場與經營商家遷移之後，都將有極大的變革，那些老店也不確定是否還會存在？令人十分憂心。只能把握築地市場最後的黃昏，好好地漫步遊走，希望可以將熟悉的過去存留在記憶裡。

原本築地市場的奇特動力運輸車，以及那杯用顫抖的手端過來的咖啡，都是我記憶中的最愛！

銀座職人咖啡

關口先生過世後，銀座琥珀咖啡店來客依然絡繹不絕，一位難求。下午來喝一杯「琥珀女王」，傳統老店的味道依舊，感覺又精神奕奕起來。

琥珀咖啡的主人關口一郎先生，是東京咖啡界的神奇人物。他畢業於早稻田大學工學院，原本經營電影器材買賣，喜歡沖咖啡給生意夥伴們喝，因為他的咖啡太好喝，朋友們慫恿他乾脆開一家咖啡店，因此就開始了琥珀咖啡的生意。取名「琥珀咖啡」，是因為關口先生認為，咖啡要呈現琥珀色才是最棒的咖啡。

從戰後開咖啡店至今，他一直堅守崗位，活到一百零四歲才過世，他的一生基本上是跟這家咖啡店綁在一起的，他也是咖啡界最受尊重的「職人」。「琥珀女王」是店裡客人必點的招牌咖啡，用高腳酒杯裝入混合砂糖和焦糖香醇的冰咖啡，然後仔細挑掉咖啡上的泡沫，再慢慢倒入特調的煉乳，形成一種漂亮黑白層次分明的狀態。許多人到琥珀咖啡，就是靜靜坐在吧台，看著咖啡職人專注地調製咖啡。那種專業的堅持，也是這種老咖啡店一直受到大家尊重的原因之一。

咖啡店多年來幾乎都沒改變，暗咖啡色的木質傢俱，紅絨布的椅墊椅套，讓人有如來到歐洲的小咖啡館，小小的空間總是擠滿了人；即便是在光鮮亮麗的銀座鬧區，整家店還是一直維持剛開始的老樣子，也因此這裡成為東京歷史的見證

昭和焙煎物語 1

同じ豆でも煎り方によって味は大きく変わる。
戦後日本のコーヒーを方向づけた、自家焙煎という方法。

【東京・銀座】

CAFÉ DE L'AMBRE

カフェ・ド・ランブル

関口一郎

琥珀咖啡（Café de L'ambre）
地址：東京都中央區銀座8-10-15
電話：03-3571-1551
營業時間：12:00-21:30，週日營業到18:30，每週二休
交通：從「新橋站」1號出口出來，步行約4分鐘

之一。

關口先生在二〇一八年高壽仙逝，店面交給外甥林不二彥繼續接班，沖製好咖啡給老顧客們，我發現客人不僅沒有減少，甚至有越來越多的現象。原來關口先生已經成為東京咖啡的傳奇，很多人來琥珀咖啡，表面上是為了喝咖啡，其實內心是來緬懷關口先生，在老舊擁擠的咖啡店裡，感受關口先生對咖啡的執著。

說實話，我在關口先生過世後，再度來到琥珀咖啡，喝著琥珀女王，感覺好像關口先生仍然在咖啡店裡一般。

琥珀女王是Café de L'ambre裡的招牌飲品。

澀谷名曲喫茶店

在澀谷混雜的巷弄內，隱藏著一座古老的名曲喫茶店，外表好像廢墟，令人不敢進去，鼓起勇氣推門進去，裡面煙霧繚繞、高級音響播放著古典音樂，有如進入另一個與世隔絕的烏托邦！

名曲喫茶店早年在東京十分流行，在那個資訊不發達的年代，名曲喫茶店可說是接觸西洋藝術文化的重要場所。通常這些名曲喫茶店店主都十分精通古典音樂，店內也都收藏大量黑膠唱片，並且有大型高級音響設備。喫茶店的內部就像是小型的演奏廳，大家安靜專心地聆聽音樂，如果客人不認真聽，或是聊天喧譁，還會被主人責罵趕出去。有些名曲喫茶店走的是爵士樂路線，因為店主專精於爵士樂。

在村上春樹的小說《海邊的卡夫卡》中，少年逃到四國的高松，就是因為常常去一家名曲喫茶店，才發現原來古典音樂滿好聽的，後來才逐漸愛上古典音樂。不過這種名曲喫茶店在科技進步、資訊流動便利的今天，已經逐漸式微。位於澀谷的LION咖啡館，是東京僅存的音樂咖啡館之一。

在澀谷道玄坂後方巷弄內的LION咖啡店（創立於一九二六年），其實地處彎曲狹窄坡地巷弄間，非常不容易尋找，而且附近摩鐵旅店林立，並不是多麼優雅

ライオン

高級的地帶，但是這家名曲喫茶店在此屹立不倒。咖啡館老闆是一位老婆婆，最近逐漸傳承給她的兒子，開業精神十分令人佩服！咖啡館內嚴禁聊天喧譁，但是卻可以抽菸，木質裝潢在煙霧瀰漫下，更加深其咖啡色調，其裝潢非常古典，木刻帶著哥德式的趣味，座位分為一、二樓，中間有挑高的天井，高大的音響音箱矗立前方，猶如什麼宗教空間的神壇一般，眾人座位均面向音響，好像在進行一場音樂的敬拜儀式。

瀰漫的煙味讓我眼睛刺激，幾乎流下淚來！我其實很受不了懷舊咖啡館的煙味，我只能想像這是寺廟神殿裡的薰香之氣。咖啡不貴，也算是好喝！然後桌上會放著節目單，告訴你整個月播放的曲目，每天有特定時段還可以點播，非常正式而有儀式性。

東京是一座神奇的城市，隱藏著一些被時間遺忘的角落，想要躲避澀谷混亂吵雜的人，可以躲到LION咖啡館，享受短暫遁世的悠閒。

名曲喫茶店LION咖啡館
地址：東京都澀谷區道玄坂2-19-13
電話：03-3461-6858
營業時間：11:00-22:30
交通：從「澀谷站」1號出口出來，步行約3分鐘

池袋大正風咖啡館

東京的連鎖咖啡館很多，品質也都不錯！但是我最愛的是椿屋咖啡，那是一家具有大正浪漫風格的咖啡店。所謂的「大正浪漫風」，指的是二十世紀初期，日本開始引進西方文明，生活中融合西洋與東洋文化，所產生的一種「和洋混合」的神奇風格。大正時期日本國內也建造了許多洋館建築，內部雕飾精美，是日本人心目中憧憬的西方生活。

椿屋咖啡雖然是仿古，卻不流於庸俗，所有裝潢道具都盡可能精緻優雅，咖啡杯盤都是用Royal Copenhagen的經典瓷器，讓人使用起來有種高貴風雅的感覺。椿屋咖啡採用虹吸式的咖啡沖煮，優雅的服務生將賽風壺一起拿到桌邊，在客人面前倒入咖啡杯裡，讓人可以即刻享用到咖啡的香醇；服務生的訓練扎實，也十分看重禮貌，而且女僕制服永遠乾淨整潔，黑白分明，呈現出一種專業的嚴謹。

店裡陳列著一些真實的古董瓶罐杯盤，將人招喚到某個歷史的時空中；池袋店更有意思的是，牆上掛著的圖畫竟然是萊特（Frank Lloyd Wright）設計的自由學園明日館，因為自由學園就在近，而萊特設計的自由學園當初就是將西方文明帶給日本女性的重要學校。

椿屋咖啡
地址：東京都豊島區東池袋1-6-4 伊藤大樓B1
電話：03-5949-3133
營業時間：09:00-23:45，週五、週六營業至翌日07:00
交通：從「池袋站」29號出口出來，步行約1分鐘

Onibus
地址：東京都目黑區上目黑2-14-1
電話：03-6412-8683
營業時間：09:00-18:00，不定期休息
交通：從「中目黑站」出口出來，步行約2分鐘

目黑川的櫻花與咖啡

目黑川是東京市區一條不起眼的小溪流，水泥化的河川，又沒有親水設計，因此平日就像是一條臭水溝，還好目黑川兩邊遍植櫻花樹，春天櫻花盛開之際，這裡就幻化成美麗的櫻花天國，是東京春天賞櫻的重要景點。

目黑川的櫻花季熱鬧非凡，人潮擁擠，從早到晚都是歡欣迎接春天櫻花的人們，櫻花樹上掛著紅色燈籠，兩旁店家販賣著燒烤、美酒，讓人一邊喝酒一邊陶醉在夢幻的櫻花花海之中。

花季之外的目黑川，則是一派悠閒，綠蔭下漫步目黑川畔，有各種餐廳、咖啡館、書店，以及選物店，這些店家不僅在目黑川旁，也深入巷弄內。位於鐵道邊小公園旁的Onibus可說是中目黑有名的咖啡店之一，咖啡店就是一棟小木屋，雖然有二樓座位區，但是大部分的人都是外帶，坐在一樓門口或是小公園裡享用，有一種城市中少有的自在。事實上，春天櫻花盛開之際，帶著咖啡到公園賞花，比坐在室內喝咖啡更美好！

中目黑除了鐵道高架橋下的蔦屋書店進駐之外，藍瓶咖啡（Blue Bottle）在此也有分店，三角形的建築與其他藍瓶咖啡十分不同，顯示了藍瓶咖啡與眾不同的特質。沿著目黑川漫步，也會遇見許多有趣的咖啡館，例如轉角路口

東京市區內的目黑川，每當春季櫻花盛開，成為市區最浪漫動人的空間。

Streamer Coffee Company
地址：東京都目黑區青葉台2-16-6
電話：03-6427-8302
營業時間：08:00-19:00
交通：從「中目黑站」出口出來，步行約9分鐘

的小小咖啡攤Sidewalk Stand、以及明亮悠閒的Streamer Coffee Company，中目黑的悠閒氣息，總是讓人在咖啡店中，可以放鬆心情，偷得浮生半日閒。

Sidewalk Stand
地址：東京都目黑區青葉台1-23-14
電話：03-5784-2747
營業時間：09:00-21:00
交通：從「中目黑站」出口出來，步行約5分鐘

清澄白河的第三波咖啡革命

源於美國舊金山的藍瓶咖啡，在日本東京展店，掀起了日本的第三波咖啡革命，據說所謂的「第一波咖啡革命」是指罐裝沖泡式咖啡結晶；「第二波咖啡革命」是高壓沖泡的義式咖啡機器；「第三波咖啡革命」則回到手沖咖啡的流行，而且自家烘焙咖啡豆，屬於比較是淺焙的咖啡豆。

位於清澄白河的藍瓶咖啡店，後方就是烘焙工場，因為清澄白河過去就是木材工廠林立的地區，因此咖啡館沿用老工廠倉庫，改造成咖啡工場，一方面空間足夠，同時也有第三波咖啡店的特色。

自從藍瓶咖啡進駐清澄白河之後，這裡就成為東京咖啡店的重鎮，原本單純無趣的社區，開始湧入觀光客，並且有藝廊與雜貨選物店開設，再加上附近有東京都現代美術館、清澄庭園，讓這個原本是木材工廠區的地方，蛻變為富有咖啡香的藝文地區。

除了藍瓶咖啡店之外，紐西蘭品牌的Allpress咖啡店，以及狗狗商標的The Cream of the Crop Coffee，都在清澄白河設置有烘焙工場的咖啡店，讓這個區域逐漸成為一個文青氣息濃厚、瀰漫咖啡香氣的城市新焦點。

藍瓶咖啡清澄白河店
地址：東京都江東區平野1-4-8
營業時間：08:00-19:00
交通：從「清澄白河站」A3出口出來，步行約7分鐘

三軒茶屋的混雜趣味

喜歡去三軒茶屋，是因為這裡有東急世田谷線，這是東京市區僅存的兩條路面電車之一。東急世田谷線電車，過去以綠色車廂為其特色，成為這個地區流動的地標，後來才改成現在各種鮮豔顏色的車身。登上路面電車車站旁的橘紅色「紅蘿蔔塔」（Carrot tower），從頂樓瞭望台可以鳥瞰整個地區，也可以看著路面電車來來往往的有趣景象。

整個三軒茶屋除了有許多交通線之外，最有趣的是，這個區域有許多商店街，有懷舊復古的，也有熱鬧新奇的，在大街小巷閒逛，可以發現許多好吃的東西，還有許多咖啡店與茶店，可說是好玩又好吃的地方。最近藍瓶咖啡也到當地開分店，可以看出這個地區的超級潛力，藍瓶咖啡三軒茶屋店隱身在小巷弄內，是一棟不起眼的老屋改造，沒有精緻華麗的裝潢，店內牆壁故意留下混凝土結構的粗獷感，非常有味道！

台灣之光台南「蜷尾家」霜淇淋店，也來到三軒茶屋開分店，東京的「蜷尾家」除了招牌霜淇淋之外，也販賣台灣好茶，雅緻的空間，頗受日人的喜愛，讓日本人在東京也可以享受台灣美味。

藍瓶咖啡三軒茶屋店
地址：東京都世田谷區三軒茶屋1-33-18
營業時間：08:00-19:00
交通：從東京急行電鐵「三軒茶屋站」南口B出口出來，步行約3分鐘

藏前老區的再生

位於淺草南邊的藏前區，過去就是小工藝製造的地區，經歷了沒落的時期，最近又逐漸受到重視，許多年輕人進駐此地，除了開咖啡店之外，也讓老手工藝職人重新展露光芒。

藏前區位於隅田川畔，其實是欣賞晴空塔的最佳位置，一家名為 Cielo y Rio 的 Riverside Café 剛好位於河邊，但是到這家餐廳用餐必須要到三樓，因為三樓的位置視線剛好越過堤防，可以看到晴空塔和厩橋，從正面看這棟建築毫不起眼，但是進到三樓餐廳，整個空間明亮起來，視線豁然開朗，看著晴空塔與隅田川用餐，心情不禁大好！

厩橋是整條隅田川中的重要橋樑之一，目前的橋樑是關東大地震之後重建的鐵橋，綠色油漆的橋身，佈滿了一顆顆的鉚釘，整座橋機械感十分強烈，橋頭柱的燈箱卻有著鑲嵌玻璃的花樣，整體呈現出一種古典機械美學的趣味。

鐵橋邊有人行空間，行人可以安全地漫步過橋，甚至在橋上停留觀景。過橋其實是十分浪漫的行為，古人送別總是送到橋頭，情人們總是喜歡在橋上約會，橋樑空間基本上就是內在情感的延伸。沒有橋樑的城市是無情的，有橋卻沒有辦法靠近或停留的城市更是絕情。

Café Cielo y Rio
地址：東京都台東區藏前2-15-5
電話：03-5820-8121
營業時間：11:30-23:00
交通：從「淺草站」4號出口出來，步行約7分鐘

Leaves Coffee
地址：東京都台東區駒形2-2-10
電話：03-6231-1817
營業時間：10:00-18:00，每週一休
交通：從都營大江戶線「藏前站」A7出口出來，步行約1分鐘

靠近厩橋橋頭處有一家轉角咖啡店Leaves Coffee，是最近東京流行的小型咖啡攤，這種咖啡攤（coffee stand），通常設置在街道轉角，而且多以外帶為主。Leaves Coffee店內有賣漢堡，但主要還是以咖啡販售為主，路人買了咖啡就坐在牆壁上安裝的長板凳上，悠閒地喝咖啡、看鐵橋。

藏前區還有許許多多有趣的店家與咖啡館，充滿了驚奇與趣味，難怪日劇《只想住在吉祥寺嗎？》劇中擔任房屋仲介的重田姐妹就推薦一位紐約歸國的攝影師住到藏前區來，她們說藏前區是「東京的布魯克林」，這樣的稱呼是很有道理的！

厩橋是東京關東大地震後所重建的鐵橋，鐵橋上的鉚釘充滿著機械感，橋頭的設計也帶有裝飾藝術的特色。

表參道、青山地區的咖啡激戰

開業五百年的日式菓子店「虎屋」，子公司「虎玄」在二〇〇三年開設第一家TORAYA CAFÉ，最近在北青山開設的旗艦店，兩層樓的房子，簡潔素雅，非常具有現代感，卻也帶著一種日本傳統的禪意。門口三顆石頭，佈置的有如枯山水，讓人想起京都龍安寺的方丈庭園，如果人多的時候，也可以端著咖啡坐在門口石頭上啜飲，讓一杯普通的咖啡變成富有禪意的咖啡。

虎屋咖啡館販售紅豆餡饅頭點心為主，喝咖啡配饅頭很奇特，但是卻不違和，享用時覺得很東方，卻也很洋派，和洋混合原本就是東京近代化過程中的歷程，而且紅豆麵包更是當年重要的西化產品。因為當年日本人並不能接受西方的麵包，後來東京木村屋將豆沙餡放入麵包，並將吉野山櫻花鹽漬的花瓣一起包入其中，在花宴中呈獻給明治天皇，受到喜愛與讚賞，豆沙餡麵包遂成為大家喜愛的食物，這樣的口味可說是真正的東京口味。

虎屋咖啡店的牆上有兩隻老虎，一公一母，有點俏皮滑稽，不同於傳統虎屋的商標，也成為該店的標誌，在包裝紙袋上都可以看見，這也是東京百年老店的一種新趣味。

漫遊青山地區巷弄，咖啡館林立，每一家也多有自己的特色。藍瓶咖啡青山

虎屋TORAYA CAFÉ・AN STAND北青山店
地址：東京都港區北青山3-12-16
電話：03-6450-6720
營業時間：11:00-19:00，每週三休
交通：從「表參道站」B2出口出來，徒步約2分鐘

Café Kitsuné
地址：東京都港區南青山 3-17-1
電話：03-5786-4842
營業時間：09:00-19:00
交通：從「表參道站」A5出口出來，步行約2分鐘

店位於巷弄二樓，庭園綠意盎然，樹木扶疏，在二樓陽台喝咖啡欣賞綠意，讓人感覺很幸福！

不過隔壁自由大學的角落有一棟小木屋Shozo Coffee Store，簡單又卑微，卻是一家吸引人的咖啡館。每次入內喝咖啡，因為地方很小，不好意思干擾到別人，大家都小心翼翼。小小木屋咖啡店，卻讓人感覺十分溫暖。都市人置身冷漠大都會，最希望有一個小空間，人與人距離不再遙遠，雖然不認識，卻也能微笑以對，傳達簡單的溫情。

Shozo Coffee Store因為生意太好，最近又在北青山開了一家分店，而本店斜對面新開的Café Kitsuné，最近異軍突起，時髦又帶著古意的店家，讓人不由自主地想進去喝一杯！青山區可說是咖啡館的激戰區，因為這裡地段昂貴，若不是有三兩下子，是不敢到這裡開店的，也因此到這裡漫遊閒逛，總是可以發現新奇的厲害咖啡館，這也是東京最令人驚奇迷醉的原因。

休息夠了，可以沿著目黑川繼續前行，一直走到澀谷，然後越過繁華吵雜的街區，穿越代代木公園，到達公園後方的住宅區，這裡也隱藏著許多異國風味的餐館與咖啡店，其中最著名的就是Fuglen café。Fuglen café咖啡館是挪威奧陸知名的咖啡店，曾經被國際媒體喻為「世界上最棒的咖啡」，商標是紅色圓形徽章上的一隻鳥，引進日本東京之後大受歡迎。

位於代代木公園後方的Fuglen Tokyo咖啡館，開設在巷弄內一幢兩層樓老房

Shozo Coffee Store
地址：東京都港區北青山3-10-15
電話：03-4500-1228
營業時間：09:30-18:00，六日11:00-18:00，每週二休
交通：從「表參道站」B2出口出來，步行約2分鐘

子裡，事實上室內座位不多，天氣好時，大家都坐在門外凳子旁邊，是一種屬於北歐的悠閒感。東京人喜歡北歐、憧憬北歐的種種，連小說都要寫著《挪威的森林》，想必是因為日本人喜愛北歐的自在悠閒，這種感覺正是忙碌緊張的東京人所缺少的。所有東京的咖啡店都是東京人的綠洲，他們在繁忙過勞死的緊張壓力下，只要來到咖啡館，就像荒漠裡找到綠洲一般，可以暫時得到一些喘息的機會。

我在Fuglen Tokyo咖啡店前悠閒地畫了一張速寫，希望記住這裡的悠閒感。

Fuglen Tokyo
地址：東京都澀谷區富谷1-16-11
電話：03-3481-0884
營業時間：08:00-22:00，每日營業時間不同
交通：從「代代木公園站」2號出口出來，徒步約5分鐘

D

死亡空間

Death Space

東京的影子城市

在這塊寸土寸金的東京市區精華區裡，密密麻麻擠滿了大大小小的墓碑，反映出東京現實世界的真實情況。卡爾維諾在《看不見的城市》一書中，談到墓園其實是一座「影子城市」，是活人真實城市的縮影，所以我們觀看墓園，就可以了解到真實城市的狀態。

例如紐約摩天大樓林立，紐約的公墓也是擠滿長條狀的墓碑；巴黎是藝術之都，巴黎的市區墓園也有如戶外雕塑美術館，雕像精美，藝術感十足；而日本東京的密集居住狀態，也反應在墓園的狀態上，你可以在墓園中，看見密密麻麻的墓碑，每個墓碑底下的方寸之地，就是每個小小的墓地，而且每個墓碑不是一個人，而是整個家族的墓地，所有家族的骨灰都放在一起，就像東京人生前一家人住在一間小小公寓裡一般。

日本人對於住宅旁邊有墓地，似乎不像台灣人那麼害怕，也不會將之視為嫌惡設施，甚至有人認為死去的親人會護庇福佑後代子孫。因此，許多東京市區住宅隔著一座牆就是墓地。這種陰宅、陽宅共處的現象，在日本十分常見，特別是在寸土寸金的東京，為了節省空間，幾乎都是使用火化，墓地通常只是存放骨灰罈的地方。

矢島家之墓
高家之墓
清水家之墓
北濱家之墓
松本家之墓
石村家之墓

隈研吾的梅窗院

我有個不為人知的奇特嗜好，就是到墓園去遊逛觀察；特別是在節慶假日，到處人山人海、喧鬧不已的日子裡，我就更會想逃離擁擠人群，去找一個安靜的地方漫步思考，讓煩亂的思緒沉澱過濾，而墓園正是個符合我期望的特殊空間。

日本東京是座前衛高科技的城市，不過其市區中依然保有許多古老的墓園，包括谷中靈園、雜司谷靈園，以及青山靈園等等，這些墓園因為歷史悠久，林木長壽壯碩，每到春天櫻花開放之際，滿園綻放的吉野櫻花，美不勝收，令人有置身極樂世界的幻覺；而櫻花飄零的花瓣，形成「風吹雪」的景象，更叫人感嘆人生美好事物的短暫與無常。

在南青山精華地段裡，有一座現代寺廟「梅窗院」，外表和附近現代帷幕玻璃辦公大樓，看起來沒什麼兩樣，事實上，這棟大樓卻是一座不折不扣的寺廟建築。而且，這座寺廟主要是在經營殯葬業務，玻璃帷幕大樓裡就是殯儀舉行法事的地方，樓上則有香客大樓、餐廳與辦公空間；雖然整個建築十分現代化，但是隈研吾利用竹林以及線條構成的肅穆空間，讓都市中的現代寺廟不失其莊重與宗教性。

玻璃帷幕大樓旁有一條竹林並木道，長長的竹林幽徑盡頭是一座山門，猶如隱藏在市區的「梅窗院」其實是專門處理死亡後事的寺廟，可是在隈研吾的設計之下，顯得優雅，讓人沒有懼怕感。

京都通往古寺的參拜道一般，事實上，這是建築師隈研吾精心設計，在都市裡象徵性的參拜道，走過竹林參拜道，進入山門，就進入了另一個世界，那是都市裡少有的大片墓園空間。

這座隱藏在玻璃帷幕大樓後方的墓園，中央有高起的山丘，山丘上一株孤獨的櫻花樹，在春天花開之際，繁花似錦，似乎為死亡的城市幽魂送行。寧靜的墓園在東京市中心區，顯得何等的寧靜，也因此在中午時間，也會有上班族到這裡散步，或許上班煩亂的心情，在這裡可以得到些許的平靜。

隈研吾的梅窗院設計，為現代都市寺廟提供了另一種建築選擇。原來都市靈園也可以不恐怖、不嚇人；而宗教建築也可以很現代、很素雅呢！

南青山梅窗院
地址：東京都港區南青山2-26-38
電話：03-3404-8447
參拜時間：09:00-17:00，寺廟周邊環境為24小時開放
交通：從「外苑前站」1B出口出來，徒步約1分鐘

梅窗院玻璃帷幕大樓後方隱藏著一大片都市墓園。

早稻田旁的觀音寺

日本鬼才建築師石山修武，一直都是日本建築界的革命家，他在一九七五年設計了一棟當時日本建築師想都沒想過的鐵皮屋——幻庵，帶給大家極大的衝擊與省思，他在早稻田大學求學期間，就已經展現他的反體制革命思想，後來他更在早稻田大學擔任建築系教授，繼續發展他的異端建築。

有趣的是，石山修武上個世紀末在早稻田大學旁邊，設計建造了一座「觀音寺」靈園。建築物本身非常特別，完全不像傳統印象中的寺廟，粉紅色的外牆顏色，讓人聯想到墨西哥的現代建築師路易斯．巴拉岡（Luis Barragan）所擅用的「巴拉岡粉」顏色；整座建築物的屋頂則是一座大型集水傘，雨水在導水系統中被引導至大型管狀物裡，然後延伸至大門入口前的混凝土版，穿越混凝土版，由細細金屬管流出，最後收集在一個金屬水甕裡，整個過程非常戲劇性，也讓人忘記這座建築其實是一座觀音寺，不過或許我們也可以解釋，水瓶正是觀音手中的淨瓶吧?!

觀音寺後方其實就是一座小型的墓園，正如西方教堂後方常有墓園的作法，日本寺廟很多也有墓地，因為空間狹小，墓園的石碑聳立，密密麻麻，更像是城市裡林立的摩天大樓水泥森林。觀音寺側面的清水混凝土牆，充滿切割立體的美建築師石山修武所設計的觀音寺，是現代感的另類寺廟。

感，在陽光照射下的光影變化，顯得十分動人！牆面上看似混亂、沒有秩序的長條開口與圓孔，更讓人想到柯比意廊香教堂牆上令人費解的開口方式，或許在這些看似混亂的開口中，有其神秘的秩序存在吧！

其實早稻田大學一直就是有反叛性格的傳統，從六〇年代的全共鬥開始，早稻田大學就是一個革命與反叛思想的溫床，學校旁邊會出現這樣一座奇特的寺廟靈園建築，應該也不算太奇怪吧？

真言宗觀音寺
地址：東京都新宿區西早稻田1-7-1
電話：03-3203-6440
參拜時間：09:00-18:00，寺廟周邊環境為24小時開放
交通：從「早稻田站」3A出口出來，徒步約6分鐘

觀音寺後方的小型墓園。

通往靈界的外星太空船

位於東京新宿巷弄內，有一座奇特詭異的建築，四、五層樓高的建築，立面卻幾乎沒有開窗，只有一道有如驚歎號般的開口，令人摸不著頭緒？只見門口招牌寫著琉璃光院白蓮華堂，才知道是一座現代風格的都市寺廟。

由建築師竹山聖所設計的琉璃光院白蓮華堂，雖說是一座寺廟，其實也是一座現代化的都會區靈骨塔。造型前衛詭異，因為靈骨塔不需要開窗，所以整棟寺廟建築十分封閉，只有立面出現一個缺口，好像外星來的異形太空船。有趣的是，這座靈骨塔前後都是飯店，甚至有很多客房的窗口都面對這座靈骨塔，只是他們可能都不知道這棟建築是什麼？

這座寺廟造型十分特殊，像一個巨大的容器，裝載著深怕散逸的魂魄，側面的混凝土立面上，有著奇特如電腦密碼般的開口，正如柯比意廊香教堂上的神秘開口。建築物呈現上層巨大、底層狹小的造型，像是一棵大樹，讓人可以坐在樹下乘涼，可以在樹下沉思悟道；這樣的造型也讓不大的基地上留下了更多的開放空間，也因此可以在空地上設計規劃蓮花池，塑造出寺廟的靜謐與深遠氛圍。

不過靈骨塔位於兩棟飯店中間，卻是十分有趣的現象。飯店是高密度的居住單位，靈骨塔則是高密度的陰宅，活人死人在同一街區共存，相安無事，非常美建築師竹山聖設計的琉璃光院白蓮華堂，造型顛覆傳統寺廟與靈骨塔，以一種類似外星太空船的姿態，降臨在新宿街巷內。

好。過去我們總是把活人的空間與死人的空間隔得很遠，活人住在市區，死人就集中在郊區墓園。但是，隨著都市的擴張，原本安置死人的地區，也開始被活人所使用，因此活人與死人之間的界線逐漸模糊，產生了活人與死人空間共存的現象。

有些人可能會對死人感到害怕，事實上，活人比死人還可怕。《人生的光明面》（*The Amazing Results of Positive Thinking*）一書的作者皮爾博士（Dr. Norman Vincent Peale）曾說：「只要有人就會有問題，世界上只有一個地方沒有問題，就是公墓，因為那裡住的全是死人！」這個街區因為只有死人，或許還會比較安全吧！

建築師竹山聖設計的琉璃光院白蓮華堂，造型顛覆傳統寺廟與靈骨塔，以一種類似外星太空船的姿態，降臨在新宿街巷內，似乎等待時間到了，就將起飛，前往靈界的宇宙。

當人口不斷增加，居住空間不斷減少，住宅建案不得不往高密度高層化發展，那麼未來台灣的陰宅是否也將往都市化與高層化發展呢？我站在寺廟前的巷弄觀看，心裡想著：這樣的現代化靈骨塔在台灣有可能出現嗎？或許必須等到台灣人的生死觀念改變，才可能會有類似的建築出現在台灣都市裡吧！

新宿琉璃光院白蓮華堂
地址：東京都澀谷區代代木2-4-3
電話：0120-517-177
參拜時間：10:00-18:00
交通：從JR「新宿站」南口出口出來，步行約5分鐘

E
駅
ki

東京車站人生

東京是座超級城市（Mega-City），幾千萬人生活在其中，靠著鐵道運輸動線，在城市中移動通勤。那些密密麻麻的鐵道路線，就猶如身體中的血管一般，維持整座城市的正常運作。對於東京人而言，鐵道就是他們每天生活的重要場景，早上從外圍地區進入市區工作上班，週末搭鐵道到外圍地區休閒旅行，東京人的人生幾乎與鐵道脫離不了關係。

所以在東京的偶像劇或電影裡，我們經常發現列車或車站的故事場景，《電車男》基本上就是發生在東京電車上的典型故事，也陳述了現代東京宅男宅女的心境；渡邊淳一小說改編的電影《失樂園》，則描述中年偷情男女，相約到輕井澤幽會，在月台上搭車時，還假裝不認識，以避人耳目。

現實生活裡的車站，可能並不是那麼的浪漫，特別是在通勤時間裡，車站擁擠的人潮令人受不了！鐵道公司為了讓所有人都可以準時搭車上班，還特別請人戴著白手套，專門幫忙把人推擠進沙丁魚罐頭般的車廂裡。

東京最早的鐵道是從新橋到橫濱這段路程，這也代表著橫濱是東京的外港，東京藉由這段鐵道，輸入了許多西方文化的產物，讓東京這座城市，從江戶的傳統城市逐漸進化成國際性的現代都市。

止まれ
東京急行
田園調布駅

英國田園風格的原宿車站

原宿車站是一座小巧有特色的車站，在整個JR山手線上，顯得十分特殊。車站建於一九二〇年，由鐵道省技士長谷川馨所設計，當年田園都市的規劃思想興起，大家嚮往郊外自由健康的居住環境，因此出現這樣一座田園風格的車站建築，充滿著「大正浪漫」的氛圍。

事實上，在原宿車站與代代木車站中間，還隱藏了一座神秘的車站。這座隱藏版的車站有鐵軌與月台，平時並不使用，只有特殊祭典時，讓皇家列車停靠。原宿車站一邊是明治神宮濃密的森林綠地；一邊是時髦前衛的原宿竹下通，一座車站分開了兩個截然不同的世界。

日本女建築師妹島和世曾以「少女城市」（Girl's City）為名的作品代表日本參加威尼斯建築雙年展，以「少女城市」來形容東京，的確是非常的貼切，特別是走在原宿竹下通或表參道青山附近，都可以強烈感受到少女城市的熱情與柔美。

原宿竹下通可以說是日本東京「少女城市」的代表地區，所有少女關切的前衛潮流都會在這裡展現，許多潮流預言家密切關注這個地區的發展，他們認為這裡的潮流發展大概領先全世界二到三年，因此關注這個地方的少女潮流，可以預原宿車站分隔了兩個不同的世界，一邊是明治神宮的自然森林；另一邊則是前衛時髦的原宿竹下通。

原宿駅
Harajuku Sta

ATM
コーナー
原宿駅

知世界潮流的未來。最近原宿地區因此出現了一位旅日的西方人，專門帶領外國人逛遊這個地區，講解觀察此地潮流的趨勢，受到老外設計師們的歡迎。

擁擠的竹下通充斥著少女的商品、服飾、內衣、保養品，甚至少女所喜愛的可麗餅、速食店、冰淇淋等等，在這個地區可以強烈感受到「少女經濟」的龐大利益，因此也驅使著商家針對少女的需求進行設計，想盡辦法瞭解少女的心理，以便討好少女，搶奪市場。

因此少女喜愛KAWAII事物的心理，便反映在城市街道的商店及商品，不同於世界各地其他城市的成熟或古典，所謂的「少女城市」便展現出少女的特質「可愛」、「天真」、「夢幻」，以及「甜美」，這也是這幾年來東京之所以能走在潮流前端的緣由。妹島和世以「少女城市」來思考東京，同時也造就出她與眾不同的建築風格，創造出不同於其他城市建築的獨特魅力。

竹下通最具代表性的少女食物就是「可麗餅」，原本可麗餅是法國十分普通的食物，在法國的咖啡店或餐廳，可麗餅就是簡簡單單，加上海鹽與奶油即可享用。但是東京的可麗餅在日本人的改良之下，變化出許許多多繽紛色彩與花樣，可以加上冰淇淋、鮮奶油、新鮮草莓、香蕉，甚至有玉米、鮪魚等口味，竹下通裡有好幾家賣可麗餅的攤商，門口總是有成群的少女排隊等待購買。

日本的社會裡，不同的年齡族群會吃不同的食物，所以我們可以從食物及餐廳去區分出不同的族群。例如一般來說，老舊裝潢的居酒屋通常都是男性上班族出沒的地方，年輕女性則去所謂的洋果子店或是洋食館，而可麗餅則是高中女生的最愛，也可以說可麗餅根本就是東京少女們的代表食物。男生或是大叔們如果排隊去買可麗餅、吃可麗餅，總是讓人覺得格格不入，有一種說不上來的違和感。

原宿車站的另一邊是明治神宮的森林花園，都市中有這樣一座森林是很不尋常，也是十分珍貴的！因為長年保護、嚴禁破壞砍伐的緣故，明治神宮的森林幾乎就像是德國的黑森林，到了夜晚，森林裡漆黑一片，如果迷失在其間，恐怕很難走出來。所以去逛遊明治神宮御花園，必須在天黑之前離開，否則在森林中

迷路，後果不堪設想。

大家都知道明治神宮參拜道前的巨大木頭鳥居，材料其實是台灣阿里山的檜木，也見證了當年日本人大量砍伐台灣山林的珍貴木材。當年日本人砍伐古木數量之多，甚至自己都覺得害怕，深怕樹木若有精靈，會對他們報復，因此還在阿里山設置了「樹靈塔」，目前還存在於阿里山上。

初到東京的觀光客會被安排到明治神宮內去參觀，我並不愛明治神宮，但是我喜歡這片濃密的都市森林。最近在神宮前、原宿車站出來沒多遠，建造了一座咖啡

MORI no Terrace（杜のテラス）
地址：東京都澀谷區代代木神園町1-1（靠近南門）
電話：03-3379-9222
營業時間：09:00-15:40，營業時間可能會依季節調整
交通：從JR「原宿站」出口出來，步行約2分鐘

廳「MORI no Terrace」（杜のテラス）。這是一座被森林包圍的咖啡館，而且整座建築都是木構造，是以神宮過去整修替換下來的損壞木頭所建造，共有欅木、樟木、櫻木、櫟木、青剛木等五種，走近咖啡館，遠遠就可以聞到木頭的香氣，館內的傢俱也是以這些再利用的木料所製作，咖啡桌上還會註明，這是什麼木頭所製作的。

我喜歡坐在咖啡館前的露台上，一邊啜飲著咖啡，一邊欣賞著明治神宮幽靜的森林，感覺自己好像融入綠色的森林中一般，這是一種東京市中心珍貴的幸福感。

等不到電車的車站

東京總武線兩國車站建築，是一座酷似昔日台北車站的車站建築。每次到兩國地區旅行，都讓我想起以前的台北火車站。不過在這座車站裡等車，卻永遠等不到電車來到，令人十分納悶！原來老車站建築早已不使用，實際使用的車站站體安置在舊車站一旁。

建於一九二九年的舊兩國ＪＲ車站雖然已不使用，但是幸好並沒有遭到拆除，以前曾經改為Beer Station燒肉啤酒屋，最近配合附近北齋美術館的落成，重新改裝成為富地方特色的美食廣場「兩國–江戶NOREN」。建築物內佈置了許多相撲力士的畫像、雕塑，以及擬真的土俵（相撲比賽時的圓形擂台）。

兩國地區從以前就是東京相撲運動的重鎮，附近的相撲國技館舉辦賽事時，車站總是擠滿人潮，可見這種傳統運動賽事在現代的東京依舊受到歡迎與重視。兩國地區還有販售相撲鍋的餐廳，這種大份量的火鍋原本是給相撲力士吃的，因為相撲運動十分耗費體力，相撲鍋的大份量補充了力士們所需要的熱量與蛋白質；昔日經濟較困窘的家庭，如果有食量大的小孩，就乾脆將小孩送去相撲館當學徒，因為在相撲館伙食很好，可以讓食慾大的小孩得到飽足。

「兩國–江戶NOREN」外部依舊保留老車站建築的樣子，內部結構也沒有太兩國地區是相撲技藝的傳統重鎮，因此兩國車站充滿了相撲文化色彩。

大變化，只是多了一些餐廳與特色商店，加上相撲文化的種種裝飾。這座車站建築沒有被像古蹟標本般保存展覽，反而是重新再利用，為這座建築注入新的生命力，同時也藉此吸引更多人到兩國地區消費觀光。

車站歷史建築的保存與再利用一直是備受討論的城市議題，車站建築是城市居民集體記憶的儲存所。許多市民人生中重要的場景都與車站有關，不論是來城市打拚或是離鄉去從軍，許多生離死別、兒女情長的感人故事，都是在車站發生，也因此保留老車站建築其實是保留了城市歷史與記憶，這是整座城市無可取代的靈魂所在。

最近新北投車站被重新迎回，並且修復重建，雖然因為車站重建位置並非原有的遺址，而是附近的公園綠地，而且修復過程並非完美，引起古蹟保存派人士的不滿與批判；但是老車站建築的回鄉，畢竟喚起了地方居民的記憶與情感，讓原本失去記憶的場所，重新找回了心靈深處的缺憾。

兩國－江戶 NOREN
地址：東京都墨田區橫網1-3-20
電話：03-6658-8033
参拜時間：10:00-23:30，營業時間可能會依店家不同而異
交通：從JR「兩國站」西口出口出來，即可看見

田園調布車站

田園調布市是大正年間（一九一八年）所開發的市鎮，由企業家澀澤榮一開發興建，是東京第一座以「田園城市」概念規劃的市鎮，也是東京非常高級的住宅區，作家石原慎太郎、政治家鳩山由紀夫、作家曾野綾子、漫畫家小林善紀、藝術家豬熊弦一郎，以及澀澤榮一自己都曾居住在此。

田園調布車站是一座紅瓦的歐式建築，規模不大，卻是十分可愛。這座車站在整個田園調布市的城鎮規劃上，占有極其重要的地位。因為田園調布市是以英國「田園城市」的概念去規劃的，整個高級住宅區以車站為中心，道路以放射狀發散，形成一圈圈的住宅區，從每一條道路往中心望去，都可以看見焦點車站建築。

東急東橫線在地下化之後，車站也跟著地下化，原有的古典建築車站不用而拆除。但是，後來人們發現田園調布市失去了原有的車站，好像失去視覺焦點，同時也失去了內心某個重要的情感記憶，因此後來又依原樣將整個車站重建。如今車站建築雖然沒有任何用途，也沒有任何歷史價值，充其量只是個樣品屋，但是人們還是非常歡迎這座車站建築的重現，因為這座建築的重現彌補了人們心中失去的一塊記憶。

田園調布市是東京的高級住宅區，整個城鎮種植銀杏作為行道樹，因此每到深秋，整片金黃色的景象，令人驚豔！

田園調布市最美的季節是在秋季，因為整個田園調布市行道樹都是銀杏，金黃色的樹葉讓街道有如燃燒的天堂，步行其間好像置身於夢幻異境，讓人想到偶像劇裡的情境。許多年來，田園調布市都是我秋天賞銀杏的私密景點，也是我認為東京最佳的賞銀杏地點。

34-66

東京車站大飯店

東京市區有幾座保存的老車站，整修保存最完善的當屬超過百年的東京車站，這座古老且華麗的紅磚造車站建築，是整個東京、甚至日本的地標建築，因此傾國家之力來維修，考究與修復都十分講究，最近整個修復完畢，讓整座建築回到二戰轟炸前的原始經典樣貌，令人十分讚嘆！

東京車站建於一九一四年，是建築家辰野金吾所設計，整個建築以紅磚為主，飾以洗石子或石材的條紋，呈現文藝復興時期的建築風格，東京車站就是典型的「辰野式」建築。辰野金吾對日本當時，

東京車站是「辰野式」建築的代表作品。

以及後世的建築影響極深，日本許多重要的城市都有他或是他學生的建築作品。連台灣地區日據時期建築，也深受辰野金吾的影響，所以很多台灣人看到東京車站，總是會有似曾相識的感覺。

二戰末期，東京車站曾經遭受空襲損壞，戰後復興時期，只希望儘速復原，因此並沒有照原樣修復車站建築，特別是屋頂的形式，被修復成方拱形狀，一直到這次大整修，才修回原來圓形屋頂的狀態。東京車站建築在戰後經濟發展的過程中，曾經計畫拆除重建，但是在許多民眾（特別是社區媽媽組織）的反對抗議之下，才得以保存下來。東京車站事件也啟發了東京歷史建築的保存運動與社區組織的發展。

整修後的東京車站重現往日的風華。

東京車站飯店是在車站落成後一年才開幕的，歐式古典建築內的飯店優雅高貴，是許多文人雅士的最愛。不過，戰後年久失修，整個飯店不免老舊腐朽，因此也逐漸失去人們的寵愛。但是，這次東京車站的百年大整修，也將東京車站飯店重新裝修，恢復其豪華優雅的面貌。

過去有許多文學家也喜歡住在東京車站的旅館，川端康成住過原三一七號房；松本清張住過原二〇九號房；西村京太郎專門寫鐵道殺人事件的偵探小說，他喜歡住可以看見車站大廳的房間，可以監視出入的旅客。我為了體驗文豪們的生活，也特別入住東京飯店，我住的是三〇七四房，剛好在轉角圓塔處，房間的便條紙居然是稿紙的格式，令人想起昔日

整修前的東京車站飯店門面。

的文學家。

飯店內的房間配置，因為是配合車站的狹長平面，走道十分狹長，甚至有如迷宮一般，但是室內裝潢優雅高貴、服務十分優質到位，令人有入住巴黎四季飯店般的錯覺。想到大正時期東京全面西化，不管是建築、飲食，甚至服裝，都向歐洲城市學習，住在東京車站飯店裡，應該可以強烈感受到當年努力學習歐美生活的氛圍。

東京車站飯店的早餐，位於車站建築正中央入口部分的屋根下，這個地方其實正對皇居，樓下入口平常封閉著，因為是天皇搭火車時的專用入口，餐廳部分屋頂高挑，並且開有天窗，顯得十分明亮高雅，在這裡享用住客專屬的精緻料理早餐，讓人一整天都有好心情！

從對街KITTE大樓舊郵局局長室眺望東京車站。

東京車站大飯店
地址：東京都千代田區丸之內1-9-1
電話：03-5520-1111
交通：東京車站丸之內南口出口出來右轉，即可看到飯店大門

F 富士山 uji Mt.

看山不是山

我從小就喜歡看山，常常從窗外向東邊望去，心中幻想著，有一天要到山後面太陽出現的地方冒險；大學時期在淡水念書，常常從五虎崗望向淡水河對岸的觀音山發呆，觀音山是多變的，不同的季節、不同的時刻，淡水河的煙雲霧氣都會讓觀音山變幻莫測，清晨的觀音山、中午的觀音山，以及黃昏的觀音山，都呈現不同的面貌。看了許多年，我才真正體悟到所謂的「看山不是山」。

我看觀音山，卻不喜歡爬觀音山，因為隔著淡水河看的觀音山，有一種距離的美感，真正去爬觀音山的人，很容易就失去那種對觀音山的浪漫想像，因為山坡上盡是墳墓與墓碑雕刻工廠，甚至還有精神療養院等，我寧願站在遠方，默默地欣賞觀音山的美與浪漫。

自從富士山登錄世界文化遺產成功後，就掀起了登富士山的熱潮，許多人以攀爬富士山，登頂成功，作為人生一項成就解鎖。他們征服了富士山，卻發現從此失去了對富士山美麗的想像；就像人類登陸月球之後，發現坑坑洞洞醜陋的月球表面，並非以前大家想像的皎潔明亮月娘，那些關於月亮的傳說與幻想，從此破滅。

富士山世界遺產中心

日本人很愛富士山，這座拔地而起、形狀優美的山形，讓許多觀賞者迷戀，甚至到富士山腳下自盡，結束自己的生命。富士山下的青木原樹海，是日本人的自殺聖地，每年都有許多人在這濃密的樹林裡上吊自盡。因此當局在樹林入口豎立許多警告標誌，希望提醒人們生命的可貴！警方也會在秋天時節，到樹海去搜尋自殺者的遺體，因為這個季節樹葉掉落，最容易進行搜索。

神秘的富士山也啟發了許多藝術方面的創作，日本歷史上有許多繪畫都出現富士山，最有名的就是葛飾北齋所畫的《富嶽三十六景》、《東海道五拾三次》等，這些浮世繪傳到國外，也給當時的印象派畫家帶來極大的震撼。

原本日本希望以「自然遺產」方式，申請富士山成為世界遺產，但是幾次申請並不順利，後來改為申請世界「文化遺產」，才在二〇一三年順利通過申請。因為富士山的確是日本宗教文化的代表，並且也是日本藝術文化創作的中心，甚至更啟發了十九世紀的歐洲文化，作為世界文化遺產，當之無愧。

靜岡縣為了慶祝富士山世界遺產的申請通過，特別舉辦競圖徵求設計方案。在參加的設計方案中，大部分都在建築物屋頂呈現富士山的形狀，但是建築師坂茂卻不這樣認為，他覺得所有的建築物或人造的富士山形狀物體，都無法和真正

靜岡縣富士山世界遺產中心
地址：山梨縣南都留郡富士河口湖町船津6663-1
電話：0555-72-0259
營業時間：08:30-17:00，營業時間可能會依季節調整
交通：從JR「富士宮站」出口出來，徒步約8分鐘

MIYAMA KOGYO

的富士山媲美，所以他設計了一個倒富士山的形狀，但是在建築物前方設置反射水池，讓建築物在水池裡的倒影，呈現出富士山的樣貌。

建築師坂茂是知名的人道主義建築師，也是專門以紙做建材的建築師，他最有名的作品「紙教堂」，就是為了神戶大地震重建才設計建造的，在功成身退之後，被遷至台灣埔里的桃米村。不過後來坂茂開始設計建造大型公共建築，就沒有辦法單單使用紙作為建材。他在法國龐畢度藝術中心梅茲分館，使用一種類似竹斗笠內部結構的方式建造，這種結構方式後來在富士山世界遺產中心上又再度出現。

木頭交織成的網狀倒富士山結構，讓人靠近建築物時，就聞到木頭的香味，加上反射池裡的富士山倒影，讓人來到這裡，內心不由自主地沉靜下來。世界遺產中心內部有著迴旋的坡道，讓人可以藉著坡道登高，最後在高樓層遠眺富士山；事實上，對於那些無法自己登上真正富士山的人而言，這個過程就有如登上了富士山。

館內的座椅也設計成一種倒富士山的形狀，讓人見識到建築大師坂茂的智慧，他不怕冒犯大忌，將原來神聖的富士山倒立，卻創造出另一種新的富士山欣賞方式，如果建築物前沒有水池反映，或許我們都要像在天橋立一樣，彎下腰從胯下欣賞富士山的形狀了。

富士山下的雲朵

富士山之所以迷人，主要是她的飄渺不定，神龍見首不見尾；經常有雲霧籠罩富士山，什麼都看不到！然後又突然煙消霧散，讓人可以一窺全貌。這些雲霧成了富士山製造神秘感的重要道具，就因為不是那麼容易見到富士山，當我們有機會見到天空放晴，整個富士山都完整呈現出來時，會感到如此的興奮與幸運！

日本新銳建築師保坂猛，在富士山腳下的富士吉田市，設計建造了一座類似雲朵般的奇特建築，那是一座無樑柱系統的薄殼結構體，猶如愛斯基摩人的雪屋一般。

整座建築是一家名為「不動茶屋」（Hoto Fudo）的麵店，專門販賣大份量鍋燒烏龍麵（其實是一種類似烏龍麵的鄉土料理，比較像是我們熟悉的刀削麵或麵疙瘩），白色棉花糖似的造型，除了與背景富士山相呼應之外，也刺激了大家的食慾。

整棟建築沒有空調，而是以自然通風的方式設計，富士山腳下全年涼爽，冬天更是寒冷，所以這樣的設計還算是舒適；空氣從圓形建築物旁邊的開口進入，然後在圓形空間中循環，冷空氣進入屋中也慢慢變溫暖，冬天吃著熱呼呼的麵，根本不想再出門。建築物主要入口處掛著門簾，門簾上的標誌十分簡單有趣，上方兩撇代表著富士山，

信号
右折

不動茶屋東戀路店
地址：山梨縣南都留郡富士河口湖町船津東戀路2458
電話：0555-72-8511
營業時間：11:00-20:00，每天的營業時間可能會有不同
交通：從JR「河口湖站」出口出來，轉乘計程車約8分鐘。若搭乘河口湖．西湖周遊巴士，則在「役場入口站」下車，步行約15分鐘

下方圓形符號則代表著不動茶屋所賣的鍋物，在富士山腳下，設計建造這樣的白色雲朵般建築也太有意思了！

當然這樣的建築，在公路邊也是非常引人矚目，有如美國公路旁的POP建築，吸引著路過的遊客，停下車進來消費；雖然這樣的建築，並沒有美國公路建築的誇張或直接，而且白色山巒的造型，與背後富士山及附近自然景觀還算協調，從商業的角度來看，這樣的建築設計是很成功的。

我期待著下次冬雪時刻，可以再度光臨這座奇特的麵店，在富士山下的雪屋裡，吃一碗熱呼呼的鍋燒料理，感受那種外面嚴寒，屋內卻暖烘烘的溫暖與美好。

兩國的北齋美術館

兩國站是日本傳統相撲技藝的重鎮，感覺不是現代年輕人喜歡去的地方，以前因為李登輝總統發表「兩國論」，讓這個地方引起台灣人的注意，不過「兩國論」跟兩國這個地方其實一點關係也沒有。兩國車站也很奇特，這座車站有點類似以前的台北火車站，但是這座車站卻是永遠等不到電車的車站！

原來舊的兩國車站早已不再使用，鐵路公司在一旁設置了更簡便的車站站體，舊的兩國車站建築，之前被改為Beer Station，是可以吃燒肉、喝啤酒的大型啤酒屋。最近為了配合整個兩國地區的振興，特別將兩國車站建築重新裝修改造，變成一座時髦的飲食商場「兩國－江戶NOREN」。這座建築保留了老建築的建築結構與外表，卻有著時髦復古的內裝，大廳佈置著精緻的相撲競技場，掛著相撲橫綱們的畫像，重現了當地的重要特色；幾家美味的餐廳、紀念品店，以及旅客觀光資訊中心，讓這裡成為兩國觀光旅遊的服務站。

兩國地區最近受到大家的矚目，不只是這棟車站的再利用，更是因為女建築師妹島和世的新設計案「北齋美術館」，這座美術館收藏了日本浮世繪畫家葛飾北齋的重要作品，但是美術館卻不走復古傳統建築路線，而是以前衛晶亮的造型呈現，量體不是很巨大，但是外牆全部以不鏽鋼材質包覆，讓人不注意它都不行！在老舊社區裡植入公共建築，本來就是一種聰明的城市復甦手段，正如妹島和世在紐約所設計的新美術館（The New Museum），也是在衰敗的社區中建設新的美術館。這樣的作法不僅可以刺激地方的復甦，同時也是政府對當地居民的宣告，告訴他們政府並沒有放棄這個社區。

不鏽鋼量體反射了周遭的庶民生活環境，據說葛飾北齋以前就是居住在這個區域，因此這座美術館直接在立面上呈現了當地的生活，量體上幾道銳利的切割，造成了量體的縫隙，也成為美術館動線入口，以及採光方式，可以說這座建築與當年北齋的畫作，同樣是驚世駭俗。事實上，北齋最有名的畫

すみだ北斎美術館
THE SUMIDA HOKUSAI MUSEUM

作，是關於富士山的《富嶽三十六景》，這座建築的切割縫隙，似乎也帶給人關於富士山的想像。

北齋美術館中的展示方式也很令人著迷，特別是葛飾北齋的畫冊，以電子書的形式重現，參觀者可以用手「翻閱」電子螢幕，就像在翻閱紙本的畫冊一般，以這樣的方式觀賞北齋的《富嶽三十六景》，可說是十分過癮！日本人對於其中《神奈川沖浪裡》這幅畫特別感興趣，也用這幅畫改造成許多令人莞爾的再現作品，其中最有趣的就是將大恐龍哥吉拉放入畫中，讓人不禁聯想，原來超級巨浪就是大恐龍在海中移動所造成的。

搭乘總武線電車來到兩國地區，感覺有些超現實，因為兩國車站後方有一座巨大的「江戶東京博物館」，是由日本代謝派建築師菊竹清訓所設計，猶如巨大日本木屐，也有如巨大的太空母艦，入口是由底層一根長長吸管般的手扶梯進入，看起來像是外星飛碟伸出透明吸管，將人類吸進太空船裡。

我們就這樣被吸入江戶的歷史裡，脫離現實世界，進入了一個關於北齋、浮世繪、富士山，以及江戶風情的世界，或許這就是一種逃避現實世界的方式之一吧！

墨田北齋美術館
地址：東京都墨田區龜澤2-7-2
電話：03-5777-8600
營業時間：09:30-17:30，每週一休
交通：從都營大江戶線「兩國站」A3出口出來，步行約5分鐘

江戶東京博物館（下圖）
地址：東京都墨田區橫網1-4-1
電話：03-3626-9974
營業時間：09:30-17:30，週六營業到19:30，每週一休
交通：從JR「兩國站」西口出口出來，步行約3分鐘

富士見

賞櫻花叫做「花見」，賞富士山則稱為「富士見」，以前在東京市區，只要天氣晴朗，站在高處都可以見到富士山的美麗山峰，所以東京市區很多命名為「富士見」的店家或路名，都是以前可以見到富士山的地方。

可惜現在市區摩天大樓林立，很多原本可以見到富士山的地方，現在視線都被樓房所遮住，看不見美麗的富士山。所以東京人會開玩笑地說：如果要看富士山，就去澡堂吧！一般人聽見這樣的回答，可能會百思不得其解，其實只要去過日本傳統錢湯泡過澡的人，大概都可以理解。

因為日本人酷愛泡湯，同時也愛看富士山，如果可以邊泡湯邊欣賞富士山，那應該是最幸福的享受了！所以富士山腳下，的確有許多溫泉旅店，可以在露天湯屋邊泡溫泉邊欣賞富士山。但是在一般澡堂就沒有這樣的享受了，為了讓所有客人在泡湯時都可以欣賞到富士山，澡堂就會在牆壁上繪製富士山，讓大家欣賞想像，這也是為什麼百分之八十的澡堂，室內牆壁上都畫著富士山美麗的景色。

過去日本房子裡沒有衛浴設備，所以大家都會去社區澡堂洗澡。但是，如今所有現代公寓建築都有衛浴，錢湯的需要性大不如前，所以在市區已經很難找到傳統的錢湯建築了。在江戶東京建築園裡，保存著一座傳統的錢湯／子寶湯，唐破風的入口形式，內部也保存著昔日錢湯的模樣，在整個大浴場的牆壁上，便是繪製著一整面的富士山風景，讓泡湯的顧客，可以享受泡溫泉欣賞富士山的樂趣。

很多謠傳都說宮崎駿《神隱少女》裡的湯屋，靈感來源是道後溫泉，也有許多人說是台灣九份山城，結果都被吉卜力工作室否認，真正的靈感來源其實是出自於江戶東京建築園的子寶湯。子寶湯老湯屋建築的保存，給了宮崎駿吉卜力工作室在繪製動畫《神隱少女》時的靈感，因為工作室離此很近，他們就常來這裡觀察湯屋建築，最後創作出動畫裡那座有著大煙囪的湯屋「油屋」。

我雖然不曾真正泡在溫泉裡，欣賞富士山的壯麗美景，但是我卻住過有富士山景的旅店，躺在床上就可以見到富士山的房間。深夜醒來，看見富士山上有一條燈火搖曳的線，蜿蜒直到山頂，那是準備登頂的山客。然後我昏沉睡去，直到清晨四點醒來，發現天空已亮起，富士山正以完整的姿態望著我，乾乾淨淨、清清楚楚的富士山，令人神往。我拉上窗簾轉身睡去，一直到清晨六點左右，我再次拉開窗簾看看富士山，這時候的富士山已經打算用煙雲來隱藏自己的身影，看著緩慢移動的雲霧，我再度昏睡過去。等到我再次醒來，富士山已經失去蹤影，然後那一整天，我就再也沒有看到過富士山了！

我喜歡富士山的神秘與善變，這樣的富士山，耐人尋味！

富士山的神秘與善變讓人不會厭倦。

G
東京玻璃屋
lasshouse

玻璃屋的迷思

西方諺語說：「住在玻璃屋裡的人，不要向人丟石頭。」因為住在玻璃屋裡是很脆弱的！

但是現代主義建築延續了西方建築史的「水晶宮文化」（以玻璃溫室豢養熱帶異國動植物，讓溫帶寒冷國家可以享受一種貴族的品味），從密斯的玻璃屋發展至玻璃帷幕摩天大樓，玻璃屋已經成為已開發國家制式的標準建築。

東京作為一座國際級大都市，同樣擁有許多玻璃屋。

LOVE
TOKYO

東京玻璃方舟

東京這個世界一流的高科技城市，自然不乏各式各樣的國際會議場所，不過東京都官方正式的國際會議中心，卻是位於丸之內重要地點的「東京國際會議中心」（Tokyo International Forum）。這座會議中心在二十世紀末期建造完工，讓東京這座電子科技城市增添了不少光彩。

「東京國際會議中心」位於東京市區有樂町車站旁，順著鐵道的弧形轉彎線條，會議中心建築被塑造成一座類似巨型方舟的玻璃結構體，而且整個方舟的龍骨竟然是倒覆在屋頂上，令人訝異不已。烏拉

圭裔的美籍建築師拉斐爾．皮諾力（Rafael Viñoly）在激烈的競圖中，擊敗日本及外國知名建築師，奪得了國際會議中心的設計權，並且由日本結構大師渡邊邦夫擔任結構設計，為東京這座城市創造了一座引以為傲的地標性公共建築。

建築師拉斐爾．皮諾力聰明地採用玻璃鋼鐵結構，去塑造這座溫室般明亮的玻璃方舟，其巨大的建築體與大廳可能容納得下挪亞方舟內的成對動物們。但是挪亞方舟肯定沒有國際會議中心建築來得明亮耀眼，這樣的設計果然讓附近丸之內的政治人物與銀座貴婦人們都大感滿意。

事實上，對於許多「飛行族」而言，他們來往各國參與國際會議，每個國家他們通常只去機場、飯店和會議中心，因此國際會議中心幾乎就成了他們對當地城市建築水準評判的唯一指標。每一個到東京國際會議中心參觀或開會的民眾，雖然不見得真正認識東京，但是當他們看見那晶瑩剔透、卻又宏偉壯觀的玻璃方舟結構，莫不讚嘆不已，同時他們也對東京這一座城市的偉大與進步，心中臣服讚美。

有人說這棟公共建築建造時，剛好在日本泡沫經濟最熱絡之際，才有錢建造出如此華麗耀眼的建築表現。我則認為一座城市應該像東京一樣，趁著有錢時蓋出一棟漂亮驕傲的公共建築；免得沒錢時，什麼建築也蓋不出來！

東京國際會議中心
地址：東京都千代田區丸之內3-5-1
電話：03-5221-9000
營業時間：08:30-19:30，營業時間可能會依照會議時間調整
交通：從「有樂町站」D5出口出來，步行約1分鐘（地下連通道）

名牌玻璃屋

對於名牌服飾店，玻璃屋可說是呈現名牌閃亮耀眼形象的最佳建築表現，位於銀座的愛馬仕（HERMÈS）旗艦店，可說是最早的名牌玻璃屋。這座由玻璃磚堆疊組構的玻璃屋，由建築大師倫佐．皮亞諾（Renzo Piano）在二〇〇一年所設計，耗費鉅資，以一塊一塊手工窯燒的玻璃磚堆砌而成，造型非常簡單，沒有解構主義建築的張牙舞爪，卻是歷久彌新，令人感動！

這座玻璃屋名牌旗艦店頂層，是一座明亮玻璃的藝廊，經常有不同類型的藝術創作展出，你即使不想購買名牌服飾，仍然可以上樓參

愛馬仕銀座店
地址：東京都中央區銀座5-4-1
電話：03-3289-6811
營業時間：11:00-20:00
交通：從「銀座站」D7出口出來，即可看見

觀展覽。最近到銀座逛遊，再次進到玻璃屋中參觀展覽，感受玻璃磚屋的光線魅力，令人驚奇的是，歷經多年的玻璃屋，竟然還像剛開幕時般的晶瑩剔透，漂亮又動人！玻璃磚搭配鋼骨的經典設計作品，至今仍是不退流行，散發著一種工業革命後的現代感。

愛馬仕旗艦店的玻璃屋，掀起了東京名牌玻璃屋的風潮，其他幾家歐洲名牌服飾也紛紛聘請建築大師，在表參道建造玻璃屋旗艦店，特別是Dior聘請了日本女建築師妹島和世操刀設計。妹島和世擅長玻璃屋的設計，從她之前的設計可以發現，她強調建築的流動性與穿透性，玻璃屋正好符合她的設計概念，不過之前她的玻璃屋設計都是

Dior旗艦店
地址：東京都澀谷區神宮前5-9-11
電話：03-5464-6260
營業時間：11:00-20:00
交通：從「表參道站」A1出口出來，步行約5分鐘

較小的案子，Dior的旗艦店（二〇〇三）是她第一家大型玻璃屋的建案。

這棟玻璃屋外觀方塊平整，內襯彎曲霧面的玻璃，猶如女生多層次的薄紗穿著，我想到張愛玲的服飾觀點「我們各自都住在各自的衣服裡」，如果穿衣服就像是住在衣服裡，這座Dior服飾店就像是一件若隱若現的多層次薄紗禮服。

夜晚的Dior旗艦店猶如一座巨大燈籠，散發出晶瑩的光芒，果然符合名牌店所要的尊貴感，整座建築可說是日本建築師妹島和世初期的成功作品。

同一年裡，另一家名牌旗艦店也在表參道接續完成，服飾名牌PRADA特別聘請瑞士建築師赫爾佐格&德梅隆（Herzog & de Meuron）操刀設計，他們的作品極富創意，也沒有重複的風格，表參道PRADA旗艦店的完成，讓人們驚豔不已。

整座建築以蜂窩般的格狀體，鑲嵌著平面與凸面的玻璃，在陽光照射下閃閃發亮，水晶塊體般的建築矗立在南青山，成為最耀眼的一棟建築！我覺得這座名牌旗艦店已經是表參道名牌店的極致，之前或之後的旗艦店設計都無法超越它，可說是名牌旗艦店的經典作品。

PRADA旗艦店
地址：東京都港區南青山5-2-6
電話：03-6418-0400
營業時間：11:00-20:00，每日營業時間可能會彈性調整
交通：從「表参道站」A5出口出來，步行約2分鐘

森林中的POLA美術館

箱根是東京重要的溫泉勝地，大家都喜歡到箱根泡溫泉，享受「日歸」的短暫假期生活。但是，箱根森林中隱藏著一座鮮少人知道的美術館「POLA美術館」，這座美術館可說是箱根地區眾多美術館裡，最棒的一座美術館！

POLA美術館隱身在森林中，並且是順著坡度往下延伸，不僅不會破壞自然景觀，也因為整座美術館基本上就是一座玻璃屋，因此人們在美術館中，感覺就像籠罩在森林綠意裡。玻璃屋的好處就是，在視線上可以與周遭環境無所隔絕；人們來到美術館是為了欣賞藝術

品，但是來到箱根的美術館，除了藝術品之外，如果也能夠享受箱根森林之美，才是真正的雙重享受！

玻璃屋的美術館讓人們的雙重渴望得以實現。走入美術館中，單純、簡潔與明亮，有如天堂異境一般，藝術作品在其中，沐浴在聖潔的光線之下，顯得更為純粹與美好。除了室內藝術雕像之外，美術館外也設置許多大型藝術品，但是玻璃屋讓室內外的隔閡模糊了，讓人搞不清楚這些作品到底是在室內還是戶外？

在玻璃屋內欣賞藝術品久了，想要到戶外透透氣，POLA美術館還設計了一條森林步道，讓人們可以花一個小時的時間進行森林浴，在森林中漫步，吸收芬多精，相信對於創作會有極大的幫助！每次在森林中安靜地獨自漫步，我總是想到貝多芬在維也納森林的散步與思考，但是在這裡的森林漫步，不只是享受森林的自然之美，在靠近美術館附近，還可以在林木間隙中，窺見美術館玻璃屋裡的藝術品，還有那些參觀者，覺得自己像是森林中的狐狸，正在窺視美術館裡的活動。

我也喜歡坐在美術館裡的咖啡廳，那是最靠近森林、最美的角落，在此雖然身處玻璃屋內，卻有被森林包圍的感覺，雖然在室內，卻有如在森林之中。

森林中的POLA美術館，讓玻璃屋展現了最高的價值！

POLA美術館
地址：神奈川縣足柄下郡箱根町仙石原小塚山1285
電話：0460-84-2111
營業時間：09:00-17:00
交通：需轉乘不同的交通工具，建議先上網查詢
https://goo.gl/6Cm1nt（附有中文說明）

G 哥吉拉 odzilla

東京，一座有怪獸的城市

多災多難的日本在三一一地震，遭受了有史以來最大的地震侵襲，加上海嘯、火災等伴隨而來的天災，讓日本人民陷入悲慘的困境之中。這些災難令人聯想到日本怪獸電影中的哥吉拉，那隻巨大恐怖的怪獸每次入侵日本島國，總是為日本城市帶來極大的破壞與損失，卑微的人類面對這隻巨獸，雖然用盡方法，卻絲毫無法阻止這隻怪獸的破壞暴行，只能無奈地祈求牠的離去。

日本在三一一複合式災難中，核電廠爆炸事件才是真正的哥吉拉！因為地震、海嘯終會過去，人們堅強的意志，終會克服災後的困境，但是核能輻射汙染卻幾乎無法消除，其所帶來的災禍將遺害萬年，並且在人們心中留下永難抹滅的恐懼陰影。

哥吉拉反映的集體恐懼

《哥吉拉》（*Godzilla*）原本是一部關於反核的電影，描述南太平洋的核彈試爆，造成大型蜥蜴基因突變，成為巨大的異型恐龍。這隻大恐龍每次都順著洋流前往日本，然後登陸東京，摧毀城市建築。《哥吉拉》電影基本上反映出日本民眾對核能的集體恐懼，因為日本人是全世界唯一遭受過核彈攻擊的民族，他們對於核能抱持著又愛又恨的矛盾心態，哥吉拉的威力正如核能一般，巨大卻又令人無法控制。

大恐龍哥吉拉是日本東寶株式會社出品最具代表性的怪獸電影，從一九五四年推出第一部電影以來，至今已有五十多年的歷史，日本文人三島由紀夫也曾公開稱讚《哥吉拉》電影，有人認為是因為哥吉拉電影中隱藏著許多關於海洋的意象，與其作品《潮騷》有許多相似之處。二〇〇四年哥吉拉五十週年慶，好萊塢還為牠辦了慶生會，甚至在大學也舉行關於哥吉拉的學術研討會。在過去的電影中，大恐龍總是千里迢迢地遠渡重洋而來，最後的目的地一定是東京，因為東京是大恐龍的原鄉，是牠體內基因裡早已建置的座標系統。

我記得以前為了研究哥吉拉與東京建築的關係，特別到戲院觀看《哥吉拉》電影，當時東寶的大恐龍都不是電腦動畫製作，而是以真人穿上塑料恐龍頭套身軀而成，行動起來笨拙，但是卻有一種古錐的感覺。電影中描述南太平洋核試爆，產生核汙染變種大恐龍哥吉拉，怪獸起身北上前往東京原鄉，途中甚至經過台灣海峽，卻沒有上陸到台北逛逛，只是一股腦地往東京灣奔去。

從東京灣上岸的大恐龍，通常會摧毀許多東京重要建築，特別是哥吉拉與其他怪獸對戰時，龐大的怪獸經常會「不小心」摧毀許多建築物，包括東京政治中心國會大廈建築、東京鐵塔等等。而人們研究也發現，電影中建築師丹下健三的建築作品被哥吉拉摧毀得最多，包括東京都廳大樓、台場富士電視台等等，因此媒體戲稱丹下健三應該與哥吉拉有仇。

不過，因為大恐龍哥吉拉在電影中也曾多次與外太空侵犯地球的怪獸作戰，幫助人類擊退怪獸，所以後來也被視為東京的守護神，東京市甚至可以見到哥吉拉的雕像，就座落在有樂町街頭上。事實上，對於小市民而言，大恐龍摧毀財團商業大樓與國會大廈，正好滿足了小市民內心對財團托拉斯與黑金政治的厭惡與無法改變現狀的失落感。

作為東京重要的象徵物，哥吉拉也成了日本人心目中一種奇特的神聖生物，因此當好萊塢將大恐龍的版權買去，改造成肆虐紐約市區的大怪獸酷斯拉時，日本人心中非常不是滋味！認為美國紐約已經有大金剛了，何必還要拿走別人的哥吉拉？而且美國人所拍的酷斯拉電影中，因為電腦動畫的關係，大恐龍變得邪惡奸詐，動作靈活快速，完全不像哥吉拉原版的憨厚形象，讓日本人十分傷心！

東京另類象徵物／哥吉拉

哥吉拉大恐龍既然是東京自己的怪獸，東京人甚至就在有樂町為哥吉拉豎立銅像，最近隨著日比谷商場的落成，又豎立起更巨大的哥吉拉雕像，可見這隻大恐龍已經是東京最重要的象徵物，幾乎與東京鐵塔齊名。在電影《ALWAYS 守候幸福的三丁目》中，東京鐵塔終於建造完成，代表著東京從戰後廢墟中重建，經濟逐漸起飛繁榮。《哥吉拉》第二集電影一開始就出現哥吉拉大恐龍橫掃東京，破壞東京鐵塔的畫面。對於東京人而言，哥吉拉不只是前衛的科幻，而是與戰後建造的東京鐵塔一般，也是城市歷史懷舊的一部分。

日本各地公園設施基本上反映出當地的特色，在關東地區，特別是東京市區，許多社區公園遊憩設施則多以大恐龍的意象為主，這當然是取材自電影《哥吉拉》的大恐龍，卻也成為東京孩童最喜歡的公園主題。

位於東京蒲田附近的輪胎公園，就是一座以恐龍為主題的奇特公園，整座公園以廢棄輪胎塑造而成，是東京親子遊憩場所的最佳選擇。「輪胎公園」正式名稱是「西六鄉公園」，公園歷史已經有二十多年，當初是希望建造一座廢物利用的環保公園，因此以廢棄輪胎作為公園建設的主要材料。公園中建造兩座巨型恐龍塑像，完全以廢棄輪胎組構成，成為公園最顯著的地標物，也挑動孩童的興奮

神經指數。

以廢棄物作為公園設施建材的作法，在講求遊憩設施安全的現今，可能已經不合時宜，但是這座歷史不算年輕的社區公園，卻依舊是東京親子遊憩的最佳選擇。從一早開始，這座公園就湧入許多年輕媽媽，帶著自己的小寶貝們，在公園中盡情玩耍跑跳，孩童們除了穿梭在輪胎塑造的魔幻森林中，最刺激的是，每個人都可以選擇自己適合的輪胎，爬上公園中的小山丘，然後坐在輪胎上，從山坡上疾速俯衝而下，衝進柔軟的沙坑之中，其刺激程度媲美遊樂場的雲霄飛車，百玩不厭，更棒的是要玩幾次就玩幾次，因為這裡完全免費！

輪胎公園（西六鄉公園）
地址：東京都大田區西六鄉1-6-1
電話：03-5731-1118
交通：從京濱急行電鐵「雜色站」出口出來，步行約8分鐘

哥吉拉的「丹下健三情結」

丹下健三可說是在研究哥吉拉時，最常被拿出來討論的建築師，因為每次哥吉拉來到東京，總是會破壞東京重要的建築地標，根據哥吉拉電影的研究，電影中建築物被破壞最多的建築師，當屬丹下健三。其實並不一定是因為大恐龍哥吉拉直接去攻擊這些建築物，而是巨大哥吉拉的移動與戰鬥，多少都會破壞城市中的建築，而丹下健三的建築剛好都是東京最具指標性的地標建築。

在電影中遭受破壞的建築除了東京鐵塔與國會大廈之外，幾乎都是丹下健三所設計的建築，包括東京都廳大樓、新宿摩天大樓、富士電視台等等，這些建築從七〇年代開始，就是東京指標性

東京都廳
地址：東京都新宿區西新宿2-8-1
電話：03-5321-1111
營業時間：08:00-18:45
交通：從都營大江戶線「都廳前站」A4出口出來，步行約2分鐘

丹下健三所設計的東京都廳大樓，多次成為怪獸打鬥被破壞的建築。

的建築，同時也都是丹下健三重要的建築作品。

丹下健三可說是日本現代建築教父級的人物，有人形容說，他就像是日劇《白色巨塔》裡的主任醫師，每次巡視病房陣仗都很威風，旁邊的學生、徒弟都畢恭畢敬，讓人感受到他的強大影響力！事實上，日本建築界檯面上的建築師，幾乎都與他有師徒關係，或甚至是他的徒孫輩。

丹下健三過世後，建築雜誌曾經做過一集討論「丹下健三DNA」的專刊，畫出他的學生和學生徒弟徒孫的譜系，其中只有沒讀過建築系的安藤忠雄跟他沒有直接關聯。但是，如果真的要談安藤忠雄與丹下健三的關係，安藤忠雄倒是曾受丹下的建築啓發，因為安藤忠雄第一次看到清水混凝土的建築，就是丹下健三所設計的廣島和平紀念館，這座建築也讓安藤忠雄喜愛上清水混凝土。

一九六四年東京奧運會給了丹下健三在東京大展身手的機會，他所設計的競技場建築，至今仍是展現力與美的經典建築構造。他在一九六四年同時也完成了聖瑪麗亞大教堂，這兩座建築都是以大跨距的屋頂著稱，也是在第一次東京奧運期間，丹下健三重要的建築作品，奠定了他在東京地區建築大師不可動搖的地位。二〇〇五年丹下健三去世時，追思禮拜就是在他自己設計的聖瑪麗亞大教堂舉行，當天冠蓋雲集，大家在宏偉的教堂內一面追思丹下健三的人生，一面也被他設計的偉大教堂空間所感動！

一九九一年，丹下健三設計了東京都廳建築，這座建築形式有如巴黎聖母院

國立代代木競技館
地址：東京都澀谷區神南2-1-1
電話：03-3468-1171
營業時間：09:00-21:00
交通：從地鐵「明治神宮前站」出口出來，步行約5分鐘
補充：目前場地整修中，不開放參觀，重新開放時間未定
官方網址：https://www.jpnsport.go.jp/yoyogi

雙塔般，帶著古典莊重的氣質，建築表面的格狀線條又有如日本傳統窗櫺般的格柵，具有傳統細緻的感覺，可說是宏偉又百看不膩的市政廳摩天大樓。他晚年在台場所設計的富士電視台則跳脱過去中規中矩的形式，出現有如科幻未來的圓球造型，令人耳目一新！

無論如何，東京從戰後重建，一直發展至今，建築師丹下健三與怪獸都和這座城市有著不解之緣。

富士電視台
地址：東京都港區台場2-4-8
電話：03-5500-8888
營業時間：10:00-18:00，每週一休，營業時間可能會依店家不同而異
交通：從百合海鷗線「台場站」南口出口出來，步行約3分鐘

富士電視台是丹下健三離世前的重要作品，巨大的圓球充滿科幻未來感。

大恐龍熱潮不退

幾年前夏天哥吉拉又再次出沒東京，猶如一座豪華的藝術品般，被放置在六本木中城的平坦草皮上，雖然張牙舞爪，卻似乎驚駭不了任何人，所有草坪上嘻鬧的遊客，自顧自地拍照傳臉書，就像東京人面對福島核災的心情，雖然核災變恐懼仍在，但是生活終究要繼續，人們很快地選擇暫時失憶，以換來片刻歡樂的小確幸。

二〇一五年在新宿歌舞伎町龍蛇混雜的區域裡，出現了一座新大樓，底下幾層是商場、電影院，八樓以上則是飯店。最有趣的是，在八樓平台上出現了一隻巨大的哥吉拉，露出頭部與尖銳的爪牙，有如大恐龍攻擊東京的故事又在上演，格拉斯麗酒店（Hotel Gracery）因此被人們稱做是「恐龍飯店」。在飯店內餐廳吃早餐，正好可以看見哥吉拉巨大的背影，飯店內更有一間恐龍房，從房間窗戶望出去，正好和大恐龍的頭部平行，哥吉拉猙獰的紅眼正對著你看！

在新宿歌舞伎町建造恐龍飯店新大樓，是希望藉著更新計畫，為整個日漸衰敗的歌舞伎町，帶來正向的發展，同時也藉助哥吉拉的恐龍魅力，吸引遊客重新回到這個被人討厭或害怕的區域。飯店除了巨大的恐龍雕像之外，大廳也有哥吉拉的雕像、哥吉拉歷代電影的海報展示等等；最有趣的是，飯店咖啡座竟然還推

美女と野獣のディ
“くるみ割り人
ついに映画

出哥吉拉甜點套餐，在甜點盤上有一隻巧克力做的大恐龍，整個飯店根本就是哥吉拉迷的朝聖之地。

不論如何，大恐龍哥吉拉其實是一部反核的電影，大恐龍哥吉拉是核試爆的產物，核能正如大恐龍一般，擁有極大的力量，卻是人類所無法控制的，牠的肆虐也將帶來毀滅性的災難。《哥吉拉》電影反映出了日本人對核能又愛又恨的心理，在福島核災之後，日本人對核能的恐懼更為加劇，畢竟日本這個國家是全世界唯一挨過核子彈的國家，而且是挨過三顆原子彈（一顆在廣島、一顆在長崎，另一顆則造成福島核災）。

《哥吉拉》電影的一再拍攝，提醒著日本人核能的恐怖，也讓日

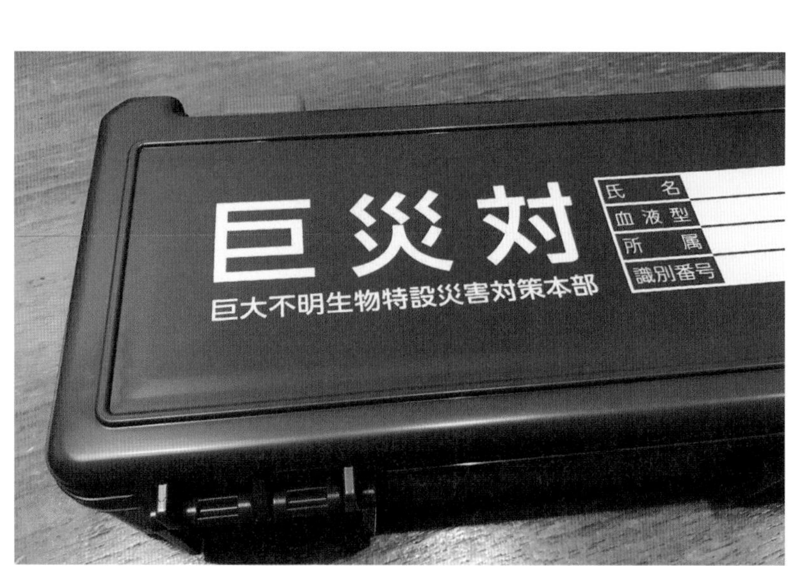

日本人對於大恐龍又愛又怕，甚至還出售對抗巨大不明生物的防災裝備。

格拉斯麗新宿酒店（Hotel Gracery）
地址：東京都歌舞伎町1-19-1
電話：03-6833-2489
交通：從西武鐵道新宿線「西武新宿站」南口出口出來，步行約2分鐘

本人時時警惕，瞭解到生活在日本島國的集體危險性。面對這隻巨大怪獸，我們不得不省思人類自己的自大與愚蠢，核能這隻怪獸原本就是人類無法掌控的巨大力量，我們卻自大地認為「人定勝天」，試圖去製造並控制這隻怪獸，一旦核能災變，卻只能束手無策，悔恨當初。

H 住居 ousing

東京住居的未來想像

關於東京的住居狀態，我不得不聯想到小說家村上春樹在《遇見100%的女孩》書中那篇〈起司蛋糕形的我的貧窮〉，文章中描述一對年輕的新婚夫婦，想在東京市區找一處便宜的住宅，結果仲介公司千辛萬苦地四處尋找，終於為他們在寸土寸金的東京市中心區找到一處超便宜的住家，但是那棟房子平面竟然是銳角三角形，正如西點麵包店櫥窗內的起司蛋糕切片一般；因為這棟房子正好位於兩條鐵道交叉構成的中間空地上。每天從早到晚的頻繁列車交通，讓住家終日處於躁音與振動的狀態，只有每年的鐵道罷工日，這個家才可以得到短暫而珍貴的寧靜。小說中描寫這對年輕夫婦在一年一次的罷工日裡，抱著他們所養的貓咪，一起走到鐵軌上晒太陽，他們感恩地表示：「我們正年輕，才新婚，而陽光又免費。」

〈起司蛋糕形的我的貧窮〉一文，多少反映了村上春樹剛結婚時在東京打拚日子的實況，同時也呈現出一般人民在首都東京市區住居條件大不易的窘狀。事實上，東京市區居住費用的昂貴與住宅空間的侷促，在全世界是數一數二的；也因此東京的生活雜誌最喜歡討論狹小居住空間的利用方式，甚至發展出所謂的「收納術」，教人們如何在狹窄的空間中存放最多的

110
ホテル de
Beat WAVE
左入る
ビートウェーブ
3464-2535
円山町
2

物品。

空間的昂貴與狹窄，形塑了東京人的生活方式，同時也激發了許多家電產品的創意。為了節省家居空間的需求，日本家電設計極力往「迷你化」發展，甚至設計出可以隱藏在房間地板下的冰箱。

戰後東京的住宅從木造建築逐漸進化到現代公寓建築，其中最大的差別是，所有新式公寓建築都有個別的衛浴設備，不再需要到街角的錢湯洗澡。安藤忠雄設計「表參道之丘」時，就特別保留了原本第一代的東京現代公寓「同潤會青山公寓」其中一小部分，作為歷史見證。

七〇年代的日本經濟起飛，帶來對未來世界的前衛想像，黑川紀章的中銀大樓是代謝派最經典的建築作品，也是住宅歷史非常激進的設計哲學。這座大樓也被稱做是「膠囊大樓」，影響所及，就是現在日本非常流行的「膠囊旅館」，一種最小個人生活空間，以及擬似太空艙般的科幻住宅。

從上個世紀末到這個世紀初，東京分別又出現了許多前衛住宅，包括位於東京山手圈內澀谷的未來怪屋，位於中央線小金井附近的大地建築、高圓寺的House NA、三鷹附近的天命反轉住宅，以及東京公寓（Tokyo Apartment）、森山宅、蟻鱒鳶等七棟實驗性前衛建築，分別代表不同建築設計者對東京住居方式的創意想像，同時也是東京人對住居方式的七種渴想。

高崎正治的大地建築

人類的都市棲憩空間，基本上就是用混凝土所構成的方格子，在東京市區，這些方格子被堆疊成高層公寓，人們就像鴿子般窩居在方格子內，失去了大自然巢穴那種安身立命的感受，也失去了對應於不同地理天候條件所產生的居室個性。

東京市區的高層公寓就如同其他資本主義城市一般，受制於房地產規格化公式的商業炒作，永遠沉溺於３ＤＫ（亦即三間房、一餐廳、一廚房）的迷思之中。建築師高崎正治有感於現代都市住居單元的規格化與非人性化，嘗試在東京建造一座人類安適的棲息所，他觀察大自然生物的巢穴，設計構築出一座非工業規格化的人性空間。

這座位於東京西郊的集合住宅，乍看之下好像是一堆混亂的木材，但是趨前細看，卻像是水獺所建造的窩巢，在幾枝粗壯的圓柱之間，編織拼湊著一個個家庭的生活空間。在這座集合住宅內，每一家的位置及形狀都不一樣，樑柱的位置也非死板的垂直水平形式，而是歪斜傾倒的不規則組合。

住在這座集合住宅內，有如住在一座森林中，亦像是一座高聳的山丘。高崎正治在設計這座住宅時，特別顧念到城市中成長的小孩子們，他們在公寓中生這座「大地建築」已在多年前遭拆除，不復存在。

長，終日關閉在冷氣房中，猶如飼料雞一般；因著治安敗壞以及交通紊亂，也無法在街道上嬉戲運動。但是，生活在「大地建築」內的小孩們卻可以在森林般變化多姿的空間內奔跑嬉戲，猶如在森林中玩耍一般。高崎正治甚至在公共走道上設計了許多迴旋、轉折，以及小型駐留空間，讓小孩們的童年記憶充滿在這些角落當中。

「大地建築」顧名思義就是一座山丘，提供居民一個可以登高遠眺的空間。事實上，高崎正治所設計的集合住宅，提供許多登高的台階，不論是公寓住戶，亦或是社區居民，都可以自由地登上屋頂，享受眺望遠方的樂趣。這座像山一般的集合住宅，不但成為社區最受矚目的奇特景觀，同時也是社區居民另一個可以散步休閒的開放空間。

屋頂上一棵棵象徵樹木花朵的裝置下，豎立了一尊混凝土的人形，是建築師高崎正治喜歡放置在他作品上的一項特殊標誌，這尊人形似乎強調了建築師對人性的尊重。當大家在現代都市公寓中唉聲嘆氣之際，高崎正治的「大地建築」為大家提供了另一種都市住居環境的選擇，那是一個充滿自然形態以及童趣記憶的人性化生活空間。

天命反轉住宅

中國人買房子非常重視風水，總認為居住方位及空間屬性對於居住者，可以產生改變人生命運的神秘力量。雖然這些論調經常被歸類為玄學，甚至被學術界視為怪力亂神，甚至嗤之以鼻。但是，從建築物理或建築心理學等角度來觀察，古人的風水之說，有些部分還是有其科學的道理。

日本超現實主義藝術家荒川修作，很早就在研究人類身體與建築之間的互動關係。他認為空間中許多改變都會刺激到人類身體，造成人體神經、精神狀態的變化。因此他開始創造出一些前衛的空間，試圖去改變使用者的心情，甚至命運。

荒川修作之前曾經設計建造一座超現實主義的公園，稱之為「天命反轉公園」；這幾年他又進入建築領域，設計建造了一批極富實驗性的公寓住宅，稱之為「天命反轉住宅」。

這座「天命反轉住宅」位於東京中央線三鷹地區，其外觀猶如堆砌的彩色積木，充滿活潑、愉悅的視覺感受。整棟建築的設計概念十分類似日本現代建築師所提出的「代謝論」，基本上天命反轉住宅上的空間單元皆為預鑄式的，先建造好中央的軸心構造，然後再裝上周邊各種預鑄單元，預鑄單元包括書房、臥室、

小孩遊戲室、浴室，以及冥想室等等，住戶可以選擇幾種需要的單元裝上，甚至可以考慮不同的單元裝在何種方位比較適當，有助於風水的改變。

荒川修作的住宅顛覆了傳統房地產行銷的傳統觀念，房地產市場總是認為「格局方正、面面採光」是好房子的原則，荒川修作卻認為那些都是胡說八道，在「天命反轉住宅」裡，地板是高低起伏的，屋內沒有收納衣櫃，顏色多采多姿（有人認為是亂七八糟），完全顛覆我們一般人的居住習慣。

不論如何，我們認為只有訪問居住者才能瞭解真相，因此去按門鈴，希望有人可以讓我們進去瞧瞧。皇天不負苦心人，我們果然就遇見了一位熱心的住戶，她不僅讓我們進去參觀，還介紹所有空間、設備等等，一直等到我們離開之際，才小聲地告訴我：「這房子真的很難住！」

三鷹天命反轉住宅
地址：東京都三鷹市大澤2-2-8
營業時間：不定期休息
電話：0422-26-4966
交通：從JR「武藏境站」搭乘小田急巴士「境91往狛江站（經調布站）」方向，於大澤下車後步行約1分鐘。目前比較像是藝術村的感覺，可以參觀與預約空屋，請參考：http://www.rdloftsmitaka.com/concept/

怪異生活森山宅

建築師西澤立衛過去一直與女建築師妹島和世合夥，他們共同成立了SANAA建築事務所。妹島和世與西澤立衛的建築強調建築的穿透性與流動性，試圖在新世紀開始之際，顛覆上個世紀機械文明的沉重建築感，以數位時代的輕巧特性，創造出屬於這個世紀文明的新建築。他們也企圖改變過去機械文明「集中性」的傳統，以一種「去中心性」的思考邏輯，進行新建築的設計創作。

西澤立衛後來自立門戶，在東京設計了一座住宅「森山宅」，這座住宅顛覆了過去住宅設計將所有機能都放在同一個屋頂下的作法，反而把一棟住宅分散為幾個方塊，散佈在基地內，有些類似中國園林的空間佈局。不過，這種作法也令人有些困擾，因為住戶的廚房、餐廳、客廳、臥室以及衛浴設備都分別設在不同的方塊裡，日常生活過程中，從臥室到廁所，必須經過戶外庭園；從書房到餐廳，也必須經過戶外空間，整個動線都必須經過戶外，因此造成許多的不便與困惑。

最令人匪夷所思的是，這座「森山宅」建築，整個建築呈現開放的狀態，路人幾乎可以毫無阻攔地走進方塊住宅群中，就近窺視方塊住宅內的居住狀態，十分缺乏隱私。

森山宅是一棟「去中心性」的實驗住宅，顛覆了我們傳統的住家想像。

宛若水族箱的玻璃屋

日本新銳建築師藤本壯介在東京高圓寺附近巷弄內，設計建造了一座奇特的建築「House NA」。這是一棟非常怪異的住宅建築，不過從藤本壯介在台北實踐大學建築系演講的內容，可以知道這座住宅建築其實正反映出他的基本設計概念「many many」。所謂的「many many」概念，藤本壯介認為一個建築內可以有很多很多的層次（高低差），人們可以在高低不同的層次間生活，創造出更多自由自在的生活方式。

這座住宅最令人驚奇的是，整棟建築根本是一座玻璃屋，住在裡面就有如住在水族箱內一般，終日上演著實境秀，讓外面的人看光光！House NA前的車庫停著一輛藍色古董車，可見屋主是有品味人士。我曾經再三詢問藤本壯介，屋主真的喜歡這座房子嗎？藤本建築師給我的答案是肯定的。House NA的業主是一對年輕夫妻，他們似乎是俊男美女，根本不在乎外人的眼光，很享受住在這座玻璃屋內的感覺（當然還是藉著窗簾保有一些隱私）；反倒是社區周遭鄰居很不習慣，經過多次溝通，才慢慢說服鄰居。

幾乎透明的玻璃屋House NA顛覆了人們對住居方式的想法。

藤本壯介的公寓疊疊樂

藤本壯介是後泡沫時期的年輕建築師，他們這個年代的建築師在不景氣的氛圍中，不可能像他們的前輩那般，可以擁有大型的、重要的設計案，只能試圖在荒煙蔓草中，開創出未來的新建築。

藤本壯介在台灣受到大家注意，是因為之前他的設計拿到了台中台灣塔競圖的首獎，但是因為概念過於前衛，也引起了許多爭議與討論，市政當局甚至試圖更改他的原始設計。其實藤本壯介在台灣已經參與過台南佳佳西市場旅店的設計案，他在台灣各處遊走觀察，發現台灣到處都有違章建築、鴿子籠與不鏽鋼水塔，因此原本要將旅館建案屋頂疊放幾十個不鏽鋼水塔，後因業主的風水師認為這樣有如在吊點滴，會有病痛之災，只好作罷。

不過藤本壯介回日本之後，竟然就把台灣違章建築的概念，運用在住宅設計上，他在東京板橋區所設計的「東京公寓」，就有如台灣的違章建築或屋頂鴿子籠，層層疊疊，十分有趣！事實上，藤本壯介就曾提出關於建築空間「曖昧性」與「不完全性」的理念，顛覆過去建築空間明確用途與理性動線的現代主義迷思，將居住行為中的曖昧所帶來的多樣性與豐富層次，直接加以建築化。

「東京公寓」就是一棟充滿曖昧性，卻又十分豐富有趣的住宅建築。整棟建層層疊疊的「東京公寓」，設計概念居然與台灣的屋頂違建及鴿舍有關。

築共有五個單元，每個單元居然都是透天厝，從一樓到三樓串連數個小屋，住戶在家中活動，有時候甚至必須要透過外部樓梯來連結！試圖從居住行為開始，重新修正對住宅空間的思考。

藤本壯介認為住在「東京公寓」爬上爬下的過程，猶如攀登都市這座大型的山一樣，讓人擁有不可思議的體驗，像是在山麓與山頂都擁有自己的家的感覺。甚至他認為東京這座城市就像是一座山，而「東京公寓」就是東京這座城市的縮影，充滿著混亂、無秩序、無限複雜的特質。雖然命名為「東

東京公寓
地址：東京都板橋區小茂根2-14-15

京公寓」，但是對於台灣人而言，對於這種曖昧又複雜的建築空間，可能比東京人更為熟悉。

我遠道去東京看這棟建築，費盡心思在迷宮般的住宅街道內搜尋，千辛萬苦才找到這座建築；可是當我真實面對這座奇特公寓住宅時，心中卻湧現了某種莫名的親切感。

神泉的未來怪屋

在澀谷鬧區的後方圓山町一帶，是東京市區愛情賓館的集中區，也是東京偷情男女的約會聖地；圓山町北邊的松濤地區則是東京市中心最高雅的住宅之一，南邊的神泉町則混雜著圓山町的曖昧氛圍，以及松濤區的寧靜氣息。在這個極度詭異的社區巷弄中，新世紀初竟然出現了一座未來感十足的白色怪屋，雪白的外殼與周邊雜亂公寓住宅形成極其強烈的對比；有如工業產品般簡潔俐落之型，竟然令人有類似衛浴設備的聯想。

我為了尋找這棟白色怪屋，從澀谷搭上京王井之頭線電車，只坐了一站，便在神泉站下車。這個舉動似乎是很不尋常，因為幾乎沒有人只坐短短的一站便下車的，我自己雖然也感到不太自在，但是當我告訴自己，我是在從事一項偵探工作，內心便開始興奮起來。

神泉車站很奇怪，其位置正好座落在電車線由地下轉為地面的隧道出口前，附近除了幾間零星便利商店之外，幾乎沒有任何商業活動，有的只是彎曲的坡道巷弄，以及密佈的公寓住宅。嘯叫的烏鴉聲在寧靜的住宅區顯得特別刺耳，我迴繞在高低起伏的巷弄中，試圖去找出這棟建築雜誌上未能標識清楚位置的未來怪屋。

神泉的怪住宅以FRP為建材，呈現出未來建築的另類可能性。

在幾乎放棄的當兒，我終於瞥見那顆白色卵形的身影浮現在街角轉彎處。這座由建築師遠藤政樹及池田昌弘所共同設計的奇怪建築，就像一顆小型的巨蛋球場一般，其外牆不再是混凝土或鋼鐵玻璃等強硬材料，而是以玻璃纖維強化塑膠（FRP）所圍閉而成，其壁面開口十分狹小，所有的採光與通風皆仰賴屋頂中心的天窗與電扇；事實上，其整體造型比較類似腔腸動物的形態。

以鋼骨為內部結構，外罩FRP塑料的白色怪屋，內部空間則顯得簡單，四層樓的內部空間，只能住兩戶居民，而且無法有太多的隔間，比較適合都市單身貴族或夫妻兩人居住。不過相對於村上春樹小說中年輕夫妻所住的鐵道邊住家，這座卵形怪屋顯得舒服寧靜多了！建築師夢想中的次世代未來居住空間，終於開始在現實生活中出現了！

東京市區除了有一批夢想回到自然童趣記憶的建築師之外，也一直存在著一些對未來充滿樂觀科技想像的建築人。過去東京市區出現過科幻電影中才有的「膠囊旅館」，也提供了許多東京商務人士過夜之用；如今卵形未來屋的出現，或許將帶來另一次的建築革命。可以預知的是，當卵形屋逐漸盛行之際，整個神泉町的山坡上將錯落著大大小小類似異形卵般的白色蛋體，屆時整個東京住宅景觀將大大改觀，二十一世紀的都市將呈現另一種全新的面貌。

蟻鱒鳶的建築舞蹈

日本建築師岡啟輔在三田地區一塊十二坪的土地上自力造屋，建築名為「蟻鱒鳶」（Arimasutonbiru），這個奇特的名字包含了地上、海裡，以及天空中的動物名稱，令人十分好奇！「蟻鱒鳶」已經蓋了十三年，還沒蓋完，預計還要兩年才能蓋完，因此有人稱他是「三田的高第」。

岡啟輔十分崇拜建築大師柯比意，以及建築奇才高第，後來在日本各地建築旅行中，也深受安藤忠雄建築的影響。因此他執意建造清水混凝土的建築，不過他的「自製混凝土」強度比一般來得高，他希望他所建造的建築，可以有二百年的壽命。

有人說：「安藤忠雄的清水混凝土建築是詩，那岡啟輔的建築就是舞蹈。」奇特的建築成為媒體報導的焦點，連藝術大師杉本博司也曾前來造訪，還做成報導，登載於《*Casa BRUTUS*》雜誌上；漫畫家新井英樹也曾以他為題材，繪製「蟻鱒鳶」建築的漫畫！

「蟻鱒鳶」建築對面是丹下健三所設計的科威特大使館，到現場觀看，只見一座有如廢墟般的未完成建築矗立著，與周遭建築完全不同，甚至有一種超現實的存在感！清水混凝土的牆面凹凸不平，呈現出不同的質感與花紋，「蟻鱒鳶」

岡啟輔自己動手建築的住宅「蟻鱒鳶」歷經十三年，至今仍未完工，因此稱他為「三田的高第」。

被譽為「純手工建築」，一點也不為過。

如今三田地區的「蟻鱒鳶」已經成為當地的建築特殊景點，常常會有觀光客前來探頭探腦，偶而也會看到岡啟輔本人現身，繼續他的自力造屋任務。一個男人堅持他的使命與夢想，打造自己的家園，這樣的驚人意志力，終究會令人感動的！

蟻鱒鳶
地址：東京都港區三田4-15附近

I 嘲諷 rony

隈研吾的自我嘲諷

隈研吾是最近日本最紅的建築師之一，但是參照他九〇年代初期的作品，卻可以發現截然不同的表現方式。他在東京設計的M2建築物，原本是汽車展示中心，如今卻淪為葬儀社，想到他在著作中所談到的「死亡建築」論點，似乎是對自己過去設計的嘲諷（事實上，在後現代主義建築〔Post-Modernism〕中，「嘲諷」也是其中一種表現手法）。

メモリードホール
M2
止まれ
土曜日22時から
日曜日7時まで
環八通り

隈研吾的死亡建築

東京世田谷區有一座巨大的地標性建築M2（一九九一），怪異地在當地存在了二十年以上。這座怪建築是日本當代名建築師隈研吾的後現代主義建築作品，誇張怪誕的風格，也成為日本上個世紀泡沫經濟的巨大紀念碑。

建築師隈研吾近期以簡約的日本傳統風格著稱，國內豪宅建案標榜的「格柵美學」設計，便是源自於隈研吾的作法。他這幾年的作品包括東京青山的根津美術館、淺草文化觀光中心、現代寺廟梅窗院、石頭美術館、東京中城山多利美術館，以及長崎縣美術館等等，多以思考日本建築本質為出發，他並以「負建築」的理論，挑戰大家對建築永恆性的思考。

現在回頭來看隈研吾後現代主義時期的作品，與他現在的理論呼籲，呈現極大的矛盾、甚至反諷。當年從美國求學回日本的隈研吾，以後現代主義的拼貼手法，使用許多破碎的建築元素，包括巨大的西洋柱式、拱門，以及附近高架橋的符號，組裝成混亂的形式，隈研吾認為這正好反應了周遭混亂的環境。事實上，這樣的建築是當年後現代主義建築流行的方式，整座M2建築看得到麥可·葛瑞夫（Michael Graves）、漢斯·豪萊（Hans Hollein）等後現代建築師的影子。

誇張的建築其實是泡沫經濟年代的常見手法，在房地產的狂飆時期，總會堆

M2大樓巨大的西洋古典柱頭，充滿後現代建築的隱喻。

疊出令人驚異的怪奇建築形式，反應出那個時代浮躁的人心；這類建築也類似美國公路的「普普建築」（pop architecture），目的主要是吸引過路客的視線。M2建築的出現，果然成為世田谷區重要交通路線環8大道上，無法漠視的地標建築，卻也帶給居民不知如何是好的驚奇與莫名。

M2大樓原為MAZDA的子公司M2總部，名稱有「第二個MAZDA」之意涵，專門以Eunos品牌販售歐洲車系產品。隈研吾在造型上採用大型的艾奧尼克式（Ionic Order）柱頭，可能是因為柱頭上兩個渦旋圓狀，很像汽車的輪子；或是正如柯比意在《邁向新建築》一書中所提及，他認為帕德嫩神廟與汽車都是同樣完美的事物。

M2大樓似乎也呼應了一九二三年芝加哥論壇報（Chicago Tribune）大樓的競圖，當年參加的建築師中，阿道夫．魯斯（Adolf Loos）將整棟大樓設計成巨大的多立克（Doric）柱子形狀，因為他曾經表示：「建築就必須要是墳墓或紀念碑。」（Architecture can only be grave or memorial.）亦即這就是建築師一生的註腳墓碑，所以他將論壇報大樓設計為巨大柱子（紀念碑）放在方形底座（墳墓）上。

不過因為泡沫經濟已近尾聲，M2在九〇年代中期結束營業，後來在二〇〇二年出售給專門籌辦婚喪喜慶活動的公司。該公司將M2改為葬儀會館，原本的展示室、會議室被改成大小靈堂，以及喪禮宴會空間。不過外觀卻依然沒有改變，M2的字樣仍高高掛在牆上，地下室汽車千斤頂裝置也還存在。

原本作為汽車公司兼實驗工房的M2建築，如今竟淪為殯儀館使用，張貼的看板上寫著「葬儀革命」等廣告字樣，陳舊的艾奧尼克式巨柱、破碎的拱門塊體，瀰漫著一股死亡的氣息。我在建築物旁漫步遊走，感覺到的只是冷清與寂寥，告示牌上寫著今天有某某家的告別式，巡邏經過的員警用異樣的眼光注視著我，逼使我只好加快腳步離去！

M2建築淪為廢墟般的殯儀館，成為見證日本泡沫經濟的最佳紀念碑，宣告著人們金錢遊戲的死亡。

原本時髦的後現代建築，竟然變成陰鬱的、處理死者的死亡建築，人們因此譏諷隈研吾的M2建築是泡沫經濟的紀念碑或是後現代建築的墓碑。這座建築的確是隈研吾的挫敗，加上經濟的衰敗，隈研吾之後整整十年間，在東京沒有任何建築委託案的出現。但是這個被稱為「失落的十年」間，也成為了隈研吾建築生涯的重要轉型期，同時也讓他真正領悟到什麼是「死亡建築」。在人看來，這十年是隈研吾可憐淒慘的十年，但是隈研吾自己回想起來，卻覺得十分充實有意義！他甚至表示：「挫折對於一個人來說，是必要的東西。」

在這十年間，隈研吾遠離東京，回歸到鄉土，找到真正的「心靈故鄉」，是那個充滿風與土的地方，他在栃木縣設計了石頭美術館、廣重美術館，以及那須歷史探索館等三座建築，統稱是「栃木三部曲」。隈研吾在鄉土間找到了日本建築的靈魂，同時也再度從自然建材中，體會了「死亡的建築」（與死亡共存的建築）之真義。

對他而言，所謂的「死亡建築」，是會提醒我們關於死亡的建築！

混凝土的建築蓋完後便不再改變，追求的是一種永恆、完美的境界，讓人們忘記死亡的存在。而忘記死亡，不再畏懼大自然，因此人們會無懼地在危險的地形中建造核電廠等等。木造建築則教導我們生物一定會死，所以要學習「放棄的美學」。當然這種美學思維，與日本這個島國歷史中不斷遭受天災地變有絕對的關係。九〇年代的神戶大地震，讓隈研吾體悟到建築並不是永恆存在的，我們都以為建築是永恆的存在，因此日本人都將財富投資在房地產上，神戶大地震中，隈研吾發現那些有房地產的人損失最嚴重，沒有房地產的人則幾乎沒有損失。九一一事件，世貿大樓的倒塌更震驚了隈研吾，讓他感受到建築的脆弱！

三一一東北大地震與核災更加深了隈研吾的「死亡建築」想法，他的作品持續追求反混凝土、反箱型建築的作法，他認為混凝土建築是一種無法重來的建築，只能任其凋零；但是木造建築可以不斷修改、破壞、再修改，是一種「持續死亡」的建築。他還表示「慢慢步向死亡的我，想好好思考如何打造這樣會漸漸死去的建築」。

他這幾年的建築特別讓人嗅到這股死亡的氣息，不僅在長岡市政廳的案子使用了杉木板作為外部皮層，最近完成的東京大學情報學環學術研究館，整棟建築

東京大學情報學環學術研究館，整棟建築表皮是粗糙的杉木板，呈現出建築的死亡。

外部也佈滿了粗糙的杉木板。許多人看過後覺得狐疑，不懂隈研吾為什麼要把這種不耐久的材質放到建築物外部，認為這些杉木板肯定沒多少年就會陳舊腐爛！不過這就是隈研吾「死亡建築」的哲學表現吧。

回顧從東京M2建築至今的隈研吾，他歷經時代的變化與日本的連續災難，卻可以沉靜修煉自己，並且反思批判建築，進而從中悟出建築的本質與新意，的確是難能可貴！這也是為什麼這位曾經在東京失意，淪落偏鄉的建築師，如今可以重新站上日本及國際舞台，並且受人尊敬的重要原因。

M2大樓
地址：東京都世田谷區砧2-4-27

M2建築淪為葬儀公司，似乎是對隈研吾「死亡建築」論調的嘲諷。

北川原溫的死亡跳板

東京另一位對死亡嘲諷的建築師是北川原溫，他因為曾經體弱多病，甚至幾乎死去，因此對人生與建築，存在著一種悲觀的情緒，他在四十歲之前，就先把自己的墳墓設計好，之後自己覺得安心許多。

他的作品呈現出一種「死亡」的狀態，他認為時間的靜止就是一種死亡，因此他在澀谷所設計的劇院「RISE」，外牆有如劇場的簾幕，但是布幕卻像是石化了一般，紋風不動；讓人想起超現實主義畫家達利的畫作，在達利的畫中，時鐘有如融化般，軟軟地掛在樹枝上。改變物質的材料特性，就是超現實主義畫家慣用的手法，北川原溫改變布幕的材質特性，基本上，也類似這樣的手法。

不過他在青山墓園旁設計的SCALA大樓，則呈現出一種死亡的狀態，層層黑色頂冠上，竟然有一個開口，開口伸出一個跳板，就像是海盜船上，海盜拿刀從後面逼俘虜跳海的跳板，被稱作「死亡的跳板」。

在東京都市中心青山靈園旁的SCALA大樓，黑色頂冠伸出死亡的跳板，似乎向著東京市民宣告著：「人人都有一死，沒有人可以因為逃避，或企圖背向死亡，而可以免於死亡。」提醒著我們在忙碌都市生活工作享樂之餘，好好思考人生的意義與價值。

SCALA 大樓
地址：東京都港區西麻布 1-14-17

J 戲謔 Joke

史塔克的玩笑

東京是一座國際化的城市，因此也常常有世界各國的建築師穿梭其間，在這座城市裡留下不一樣的建築紀念碑。日本人稱外國人為「異人」，「異人」有異於日本人的眼光和思維，所以可以創造出不同於日本建築師的建築設計，甚至替日本國內建築界帶來不同的刺激。

法國建築師菲利普・史塔克（Philippe Patrick Starck）是一位特立獨行的設計師，也是後現代主義時期的重要設計大師。他設計過許多有名的傢俱與工業產品，其中最有名的應該是他的「榨汁機」（Juicy Salif），外型像是火箭發射器，又像是三隻腳的外星人，既是榨汁機，更是很特別的居家擺飾。史塔克的榨汁機造型奇特，單單放在家中觀賞，就能帶給人許多奇幻的想像，讓生活中充滿趣味性。

不過史塔克雖然設計了許多產品與室內設計，但是在法國卻未有機會設計大型建築物，我曾經到巴黎去參觀他有名的咖啡館，咖啡館位於龐畢度藝術中心附近，室內空間中央是一座樓梯，朝向牆壁的一面大鐘，感覺具有一種劇場感，戲劇性十足；不過因為規模很小，當年我大老遠跑去朝聖，心中卻難免有些失落。

但是史塔克並未因此放棄他的建築夢，他依然繪製許多建築圖，並且將他的建築設計做成金屬模型，放在專用的手提箱內，雲遊世界各地，推銷他的建築夢想（事實上，史塔克的產品幾乎都可以放大後成為真正的建築，如果他的榨汁機有一天變成真正的建築，也不會令人覺得奇怪）。據說史塔克酷愛騎重機，他在幾個重要國家城市都存有重機，只要一下飛機，就可以騎著重機飆風離去。或許就是因為日本人崇洋性格強烈，可以接受異人的建築奇想，所以史塔克真正大型建築設計，最後終於在日本東京得以實現。

NANI NANI？

史塔克在東京白金台地區設計了一棟奇特的建築，綠色鋼板的外殼，開窗面積不大，正面像是異型的頭部，後方又像是榨汁機的某些造型。這樣一座怪異的建築，與其說是建築，還真的比較像是太空船或不明飛行物體。當年《GQ》雜誌曾經製作一個專輯，要建築師穿上自己代表性的建築拍照，史塔克就是穿上這棟建築，作勢要往外太空飛去，所以在他心目中，這座建築猶如一艘太空船，可以搭乘飛往外星宇宙。

這座建築的名稱更是有趣，史塔克將這座建築稱作是「NANI NANI」，因為日本人看到這座建築一頭霧水，直呼「NANI」？意即這到底是什麼啊？戲謔玩笑成性的史塔克，乾脆就把這座建築稱作是「NANI NANI」。建築名稱的確非常適合史塔克的建築，他的建築就是如此讓人費猜疑，充滿著神秘性與戲謔性。

NANI NANI
地址：東京都港區白金台4-9-23

史塔克所設計的建築怪異，讓人驚奇不解，因此被人取名為「NANI NANI」。

河邊的巨大火把

菲利普・史塔克另一座位於東京的建築是淺草對岸，吾妻橋畔的朝日啤酒屋建築，這座建築地標性非常強烈！大老遠就可以看見，特殊的造型很難叫人不注意它。整座建築有一個底座，上方則是一團火焰般的金黃物體，有人說這就像是奧運聖火台上的火焰；也有人說，這是啤酒杯上的金黃色泡沫；當然也有人說，這根本就是一坨黃金！

這棟建築雖然是朝日啤酒屋的大樓（原名是超爽大廳〔Super Dry Hall〕，火焰代表啤酒公司的熱情），但是一樓部分卻是居酒屋，我曾經進入居酒屋裡，點了生啤酒與小火鍋，火鍋送上來時，發現火鍋的造型正像是朝日啤酒屋的造型，然後火焰點起來，根本就是這棟建築的縮小模樣。

史塔克的居酒屋設計，最引起大家討論的話題是裡面的廁所，這間廁所開啟了夜店廁所大量使用玻璃材料的先例。史塔克到日本之後，觀察到日本人的夜間喝酒文化，日本人總是一攤接著一攤喝，最後喝得醉醺醺，然後在地下道牆壁尿尿，平常上班族西裝筆挺、人模人樣，晚上卻像是換了一個人似的，完全沒有禮數。

所以史塔克在朝日啤酒屋裡的居酒屋，設計了玻璃的廁所，在男廁與女廁中

朝日啤酒屋大樓
地址：東京都墨田區吾妻橋1-23-1
電話：0120-01-1121
營業時間：11:30-22:00
交通：從「淺草站」4號出口出來，步行約3分鐘

淺草朝日啤酒大樓，金黃色的火焰，引起人們無限的趣味想像。

間，僅用毛玻璃隔牆，讓光影可以透過玻璃，若隱若現，似乎看得見人影，卻是什麼也看不到。男廁的牆壁更是機關重重，入口附近牆上有一條溝縫，酒醉的人摸著牆進入廁所，手在溝縫處會觸動感應，然後會有清水流出，讓醉漢不知不覺中完成洗淨雙手的動作；最後酒醉的人走到廁所後方，朝著牆壁尿尿，就會有水流從牆壁上方，像瀑布般流洩而下，讓醉酒的人在半醉半醒之間，完成了如廁的動作。史塔克的設計玩笑不僅表現在建築造型上，同時也存在於室內空間許多小細節裡，讓人不禁莞爾一笑，感受到他戲謔的童心與設計創意。

以前在淺草吾妻橋上，可以拍攝到這座金黃火焰大樓，在陽光下閃閃發亮的景象，如今東京晴空塔的落成，讓整個天際線景觀更豐富起來！其實觀賞這個美麗景觀的最佳位置，是在隈研吾所設計的淺草觀光文化中心頂樓觀景台；隈研吾以日本傳統町屋堆疊的造型，創造出獨特的新建築，似乎也是與河對岸的朝日啤酒大樓相抗衡。

東京的確是個有趣的城市，這個城市包容性強大，成為史塔克奇特創意想像的溫床，讓他的建築夢想得以實現。從經濟歷史來觀察，這樣的奇特建築在八〇年代泡沫經濟時期，的確有很多機會出現。不過，九〇年代泡沫經濟泡滅之後，那些後現代主義時期的誇張奇特建築作品就比較沒有機會出現了！或許我們可以說，朝日啤酒大樓上的金黃色怪東西，其實就是泡沫經濟時代最後遺留下的泡沫見證，讓大家沒有忘記那個充滿熱情活力，開心喝酒的年代。

隈研吾的淺草觀光文化中心頂樓，是眺望朝日啤酒大樓的最佳地點。

K 警察魔術箱 Koban

東京派出所的新形象

派出所在社區中是人人都非常熟悉的事物，但歐美國家其實並沒有派出所，只有警察分局，因為地緣廣闊，所以採用「區域聯防」的概念。在電影中常常會看到美國員警，二人一組開著警車巡邏，遇到突發事故，就以無線電呼叫同伴來支援。

我們熟悉的派出所概念，其實是受到日本的影響，日本地狹人稠，警政單位為了顧及社會各角落的安穩與平靜，常常必須放哨站崗，以達到二十四小時監控的效果。而派出所便是日本警界在此衡量考慮下所創設的，台灣則沿用日據時期派出所的制度，也有類似的作法。

這些設於角地的派出所建築，因為其迷你的空間型態，也被稱作是「警察箱」（Police Box）。日本警察箱派出所的設計，不像國內憲警單位建築永遠只是一套藍圖，而是完全委託建築師個人設計發展，因此產出了許多千奇百怪的派出所造型，這些造型的產生與設計者，對警察在社會中所扮演的角色認定有極大的關係。有些人認為警察的角色是「保護與服務」（Protect & Service）；有些人認為是扮演「監視與鎮壓者」；也有人認為派出所設計沒什麼用途，充其量只是都會裡的一項雕塑展覽品罷了！

交番
KOBAN

「親民型」的派出所

設計者基本上認定警察是「人民保姆」的角色，警察必須維持其一貫親民愛民的警伯形象。如果在休閒雕塑公園中的派出所，仍舊是一只水泥方塊，不只破壞整體景觀，警察局更可能成為眾矢之的，天天遭人批判。因此上野公園派出所的設計師，體察公園內博物館、美術館林立的藝術氣質，也將自己的角色搖身一變為雕塑家，在原本方整盒型的派出所上，加上了具現代藝術感的金屬雕塑品，整座派出所猶如公園中一件公共藝術品，完全融入了上野公園的藝術氣氛裡。

位於銀座附近的派出所，為了讓小朋友們有親切感，特別將派出所設計成童話城堡的造型，在尖尖的屋頂上，還有一顆圓球，令人聯想到童話中的城堡或糖果屋等建築，無形之間，縮短了人民與警察公僕之間的距離，也讓小朋友想到警察伯伯正扮演著古代仗義行俠的騎士角色，拯救現代都市受欺壓的弱小市民。

池袋車站附近還有一座令人看了發笑的派出所，派出所長的根本就是一隻貓頭鷹嘛！這棟貓頭鷹派出所兩眼圓睜睜的，似乎在監視著暗夜中蠢蠢欲動的惡徒。貓頭鷹兩顆眼睛其實是派出所的窗戶，在夜晚開燈之際，透出明亮的光線，讓夜歸的市民看見之後，內心更為踏實！池袋地區的代表物就是貓頭鷹，因為在日語中「貓頭鷹」的發音與「池袋」類似，貓頭鷹又代表著「智慧」與「幸上野公園中的派出所就像一座公共藝術品。

位於池袋車站東口前。

福」，因此非常受到日本人喜歡，池袋地區就有許多貓頭鷹的公共藝術品，如今這棟貓頭鷹派出所更成為池袋貓頭鷹的最大象徵物。千葉地區車站附近，也有一座貓頭鷹派出所，在單軌電車高架線下方，猶如石敢當一般，鎮守著整個車站地區，帶給夜晚出入的市民極大的安全感，同時貓頭鷹的造型似乎也祝福著來往的旅人。千葉市車站前的派出所也是以貓頭鷹做造型，位於車站前、單軌電車高架橋下的派出所，貓頭鷹造型有如石敢當一般，讓人在此出入，覺得心安！

此外，在池袋附近還有另一座動物造型的派出所，這座以「鶴」為主題的派出所，其實並不是那麼寫實，但是其建築龍飛鳳舞的線

篠崎站前派出所
地址：東京都江戶川區篠崎町7-27-15
交通：從都營新宿線「篠崎站」出口出來，步行約1分鐘

條，確有幾分「鶴」的神韻！對於日本人或中國人而言，「鶴」都是長壽幸福的象徵，也成為警察派出所喜愛的建築造型。

東京市區另外有一座十分華麗漂亮的「玻璃魔術方塊」派出所，整座建築上有著九宮格般的方塊，卻是用玻璃所建造，在陽光下亮麗閃爍，非常迷人！也成為當地最漂亮的建築，受到民眾的歡迎及喜愛！不過我非常替這座派出所擔心，因為若遇到暴動或匪徒丟石頭，玻璃派出所恐怕會損失慘重吧！

「監控型」的派出所

並不是每個建築師都認為社會是善良可愛的，事實上，當建築師設身處地為警察著想時，常常發現社會有許多黑暗與邪惡，警察人員必須不斷監視社會人群的動態，才能防止不幸的發生。由建築師北川原溫所設計，位於馬喰町附近一處五條馬路交叉口中，矗立一棟奇異的派出所建築。北川的態度基本上十分敵視都市，他覺得「親民型」派出所的設計過於天真，不符合真實社會隨時會發生的暴動。因此，他將派出所包在鐵絲網中，而二樓頂露台則可以透過鐵絲網環顧周圍五條街上的任何動靜，在安全的保護下，隨時面對不法的挑戰。

東京新宿地區歌舞伎町原本就是夜生活熱鬧、龍蛇雜處的地區，當地有許多幫派活動，也經常出現火拚械鬥的事件。因此當地的警察派出所必須十分小心，隨時監控是否有不法事件的發生，同時也要保護派出所本身的安全。於是整個派出所被設計成有如碉堡般堅固，窗口不大，警察可以從中窺視外面動靜，可說是座「退可守、進可攻」的警察建築。

東日本橋派出所
地址：東京都中央區日本橋馬喰町2-7-2
交通：從JR「馬喰町站」6號出口出來，步行約2分鐘

「戲謔型」的派出所

有些設計者固然認為警察必須以監視的態度，去裁判都市人們的行為，但在設計過程中，卻不免要將自我內心頑皮的心情融入其中。建築師鈴木在澀谷地區的三叉路上，設計了一棟獨特的派出所，這座派出所從側面看，金屬材質面板帶給人冰冷的現代感；而前端面向大馬路中央的部分，則使用鏡面的不銹鋼面板，使整棟建築有如一把鋒利的斧頭，準備砍向任何不軌的活動。但是若轉向正面一看，不禁會笑出聲來，因為整個正立面有如一張開口大笑的臉，建築師巧妙地將一些反諷的趣味，隱藏在冰冷嚴肅的派出所建築中，似乎也表達了建築師對都市警政的個人看法。

這些年來許多建築師投入派出所的建築設計，連知名的女性建築師也加入戰局，東京派出所建築設計遂成為建築設計師都市魔幻大對決的重要戰場。

日本當紅女建築師妹島和世，其作品強調輕巧、漂浮、透明與反重力等特質，她在東京表參道上所設計的Dior旗艦店大樓，大樓以玻璃構成，內襯柔厚的白色紗廉，當內部燈光開啟之際，整棟建築猶如一座天堂般明亮的聖殿，在表參道上十分引人注意，是其最具代表性的作品。但是在九〇年代前期（一九九四），妹島和世卻曾經設計過一棟與白色完全相反的黑色建築，令所有

警視廳澀谷警察署宇田川派出所
地址：東京都澀谷區宇田川町31-6
交通：從「澀谷站」出口出來，步行約3分鐘

設計界人士都感到十分震懾。

這座黑色建築位於東京調布車站旁，是一棟方形的警察派出所，不同於一般派出所的幾何抽象造型，令人很難一看就猜出這是什麼用途的建築。正方形的黑色建築其實是由兩片黑色方牆，夾著柔和的透明採光版，從側邊觀看還真像是夾著香草冰淇淋的巧克力餅乾三明治。黑色建築物在簡單的正方形立面上，呈列著幾個幾何形狀，包括圓形、方形與長方形，位於右上方的圓形是一個挖空的圓桶採光井，提供樓上警員休息待命室的光線；右下方的長方形是一道門，門板是亮面不鏽鋼板，乍看之下猶如挖空一般；派出所門面上方的正方形，也是由亮面不鏽鋼板構成，卻是一個凸出的方塊體，妹島和世在立面幾何體上玩弄著虛實之間的變化，甚至造成在黑色虛無空間內漂浮著幾個幾何體的錯覺。

日本的派出所千奇百怪，猶如魔術箱一般，永遠帶給路人許多驚奇。反觀國內的派出所，不是沿用日據時期的派出所建築，便是一成不變，無趣呆板的制式造型，何時我們的憲警單位才可以有開放的建築設計想法，在兼顧警方任務的機能要求下，為我們的都市派出所創造出新的形象。

調布站北口派出所
地址：東京都調布市布田4-1-1
交通：從京王線「調布站」出口出來，步行約1分鐘

L 東京光影
ight

建築師的光影魔術

光影可說是建築設計師最喜歡玩弄的魔術道具，光影的改變為建築空間帶來靈魂與生命，正如英國建築師理查・羅傑斯（Richard Rogers）所說的：「建築是捕捉光的容器，如同樂器如何捕捉音樂一樣。」建築大師柯比意、路易斯・康（Louis Kahn），以及日本建築師安藤忠雄與伊東豊雄都是玩弄光影魔術的高手，在建築物的光影變化裡，我們可以感受到建築物的神聖性與純粹性，心靈被震撼與感動。

東京天堂異境

建築大師安藤忠雄最有名的宗教建築「光之教會」，以單純的十字架光線，深深打動世人的虔誠心靈，被認為是最有靈性的教堂建築之一；這幾年東京出現一座新的教堂，同樣以神奇光線吸引許多人，被喻為「新光之教會」。

這座教堂其實是位於青山地區的原宿教會，原宿教會在當地頗具歷史，過去在原址有一座木造會堂，幾年前重建新會堂，特別聘請兩位年輕建築師擔任設計工作，期盼塑造出一座可以吸引年輕人光臨的教堂。這對雙人組建築師是由日本女建築師金子文子（Fumiko Kaneko）與法國建築師亨利．瓜丹（Henri Gueydan）所組成，兼具陽剛與陰柔的美感與思維，打造出東京新教堂建築的典範。

教堂外觀以清水混凝土為主，承襲了日本現代建築的習慣，建築設計中隱藏了許多數字玄機，例如其鐘塔採三角柱體，不僅不同角度可以看見鐘塔上的十字架，同時也象徵了基督教「三位一體」的教義；立面入口的曲線線條，猶如一座「山」字，呈現耶穌基督受難時，骷髏山三座十字架的場景。

會堂內純白的色彩規劃，讓人有如走進一處聖潔明亮的天堂，弧形天花板一道道曲線天窗，自然光層層洩下，所有會眾都沐浴在聖潔的光芒之下；會眾席捨棄傳統教堂長形排列，而以橢圓形環繞講台的方式，減低牧師與會眾之間的距離原宿教會奇妙的空間光影變化，被喻為「新光之教會」。

感，同時也強調上帝之前人人平等的概念。講台旁矗立一十字架，設計手法似乎受到安藤忠雄「水之教堂」的影響，整個會堂在光線映照下，劇場感十足，令人留下強烈的畫面印象。

二樓部分是詩班席與管風琴位置，因為教堂空間巧妙的設計，管風琴雖小，卻可以在崇拜進行中，產生餘音繞樑的氣勢。隱藏的閣樓間，居然還有一座小型會堂，裡面擺設著深色的木頭傢俱，這些老傢俱是原來木造教堂所遺留下的，在這個空間聚會，特別有一種懷舊的溫馨感。

原宿教會為了顧及都市忙碌上班族的心靈需求，特別在每週三中午開放會堂，供附近上班族入內

原宿教會
地址：東京都澀谷區神宮前3-42-1
電話：03-3401-1887
營業時間：週日早上禮拜10:30，或是週三下午的參觀時間（可先上官網查詢）
交通：從「外苑前站」3號出口出來，步行約5分鐘

靜坐沉思，並且聘請管風琴師演奏巴哈的聖樂作品，許多都市上班族靜坐聆聽管風琴的樂音，內心的緊張、焦慮逐漸平撫，嘴角也展現淡淡的微笑。

粉紅色的城市浪漫

許多當代知名建築師雖然沒有親身受教於柯比意，但是仍然被認為是深受柯比意建築理論影響，是柯比意建築的傳人。例如知名建築師安藤忠雄、丹下健三，以及伊東豊雄等人。

柯比意曾經提出建築的五個原則：一、獨立柱；二、平屋頂；三、自由平面；四、自由立面；五、水平帶狀窗。建築界認為伊東豊雄將柯比意建築原則中，關於「自由立面」的理念，發展得淋漓盡致。特別是這幾年，伊東豊雄在東京的作品，都是呈現「自由立面」的創作，最令人矚目的包括表參道上的TOD'S旗艦店，以及銀座鬧區內的MIKIMOTO銀座二店。

MIKIMOTO銀座二店出現在銀座區域中，很快地就成為大眾討論的焦點，最特殊的就是這棟建築的顏色與立面開窗方式，從來沒有人使用粉紅色作為建築立面色彩，不過伊東豊雄大膽的嘗試，竟然受到民眾好評，特別是滿足了許多粉領族綺麗的名牌夢想，同時也為銀座商圈帶來新穎的感受。

最有趣的是其立面造型，顛覆了一般建築窗戶開口的習慣，傳統的立面開口不是方的就是長形的，伊東豊雄卻史無前例地使用不規則的開窗方式，讓整座建築呈現出一種超現實的氛圍。伊東豊雄之所以可以發展出如此「自由自在」的立伊東豊雄所設計的MIKIMOTO銀座二店，立面顛覆了一般建築的呆板樣式。

面形式，是因為其事務所克服了許多結構上的問題，並且創新了構造方式；他利用兩片鋼板中間夾著鋼筋混凝土，形成一種類似三明治的結構方式，使得室內樓板也可以藉外牆支撐，不需要另外有柱子的存在，真正達到「自由立面」的境界。

一個女孩站在街角，等待著有人的出現，背景是粉紅色、不規則開口立面的建築，整個畫面帶著異星球、不真實的感覺，令人陷入一種奇特的思索中。伊東豐雄的「自由立面」建築，改變了都市整體感覺，顛覆了開窗只能方形或長形的神話，或許在不久的將來，我們所居住的城市建築都將改變，呈現出更為亮麗自由的面貌。

MIKIMOTO 銀座2丁目店
地址：東京都中央區銀座2-4-12
電話：03-3538-5852
營業時間：12:00-20:00
交通：從「銀座一丁目站」8號出口出來，步行約2分鐘

大樓的頂層是一家名為「Dazzle」的義大利餐廳，到這座餐廳用餐可以享受伊東建築的光影魅力。從電梯口出來，一進入餐廳，整個人就被奇幻的光影所籠罩，好似進入另一個星球的世界一般，從那些不規則牆面開口投射進來的光線，加上薄紗簾幕交錯，呈現出一種如夢似幻的不真實感。

充滿洞洞的鋼鐵帳棚

搭乘東京市區ＪＲ中央線的乘客，經過高圓寺站附近，都會發現一棟黝黑的建築，矗立在紛雜的街區中，建築造型迥異於一般建築的方塊造型，屋頂有著弧形的線條，像是一座沙漠中的黑色帳棚，呈現出一種詭異又奇特的城市景觀。這座黑色的建築物，就是由建築師伊東豊雄所設計的「座·高圓寺」。

對於建築師而言，這座建築有如馬戲團的大帳棚，裡面充滿了未知的歡樂與神秘。人們看見馬戲團帳棚，心中就會浮現伸長鼻子的大象、跳火圈的獅子、頭戴絨毛彩飾的斑馬、在高處走鋼索的人、神奇的空中飛人，還有戴著安全帽鑽進砲管裡的砲彈飛人、奇裝異服的搞笑小丑，以及將頭放進獅子嘴裡的男人，爆米花、色彩鮮豔的棒棒糖、冒著氣泡的奇特飲料等等。馬戲團的想像是現實生活的搞笑版、野獸版或詭異版，鑽進馬戲團帳棚的人，期待著一場脫離現實的狂歡或奇遇，來彌補現實生活的枯燥與無趣。

同樣地，在設計這座藝術表演劇場時，建築師希望營造出一個可以鑽進去的帳棚，而不是一個開放的戶外劇場，讓人們對於這座建築懷抱著好奇與夢想。走進座·高圓寺內部，猶如置身在劇場舞台上，奇幻的圓點光圈打在地板上，讓人有種不真實的感覺，牆壁上則是一個個光點圓圈，白天的陽光透過圓點射入室

「座・高圓寺」令人迷幻的室內光影，讓人有如進入魔幻的世界。

內，令人眼花撩亂！這種炫目迷離的感覺一直延伸到那座弧形的樓梯，然後再進入咖啡座，好像整座建築都感染了某種會長滿紅點點的傳染病。

作為東京杉並區的藝術會館，高圓寺阿波舞蹈節活動自然也成了此地每年八月的重頭戲，當地人一邊跳著阿波舞、一邊走進這座鋼鐵帳棚內，在奇幻的光點照耀下，人們會忽然忘記，到底自己是來看舞蹈表演的，亦或是自己就是表演的主角？

座・高圓寺
地址：東京都杉並區高圓寺北2-1-2
營業時間：09:00-22:00，換展期間不開放
交通：從JR「高圓寺站」北口出口出來，步行約5分鐘

M
代謝論
etabolism

代謝派，前衛建築的末日

有些創意可能太前衛，超越了現代人類所能實際接受的程度，以致於只能成為一種典範或模式，無法真正在現實生活中普及推廣，最後甚至面臨被拆除的命運。

東京代謝派建築可說是現代建築史中，唯一源自於東方的原創建築思潮，雖然現實生活中並未能完全實現，但是其建築精神與想像，卻帶給人類許多的啟發與想像。

代謝派建築的崛起

建築師黑川紀章曾參與日本大阪世界博覽會的建築設計，當年他和他的老師丹下健三共同參與博覽會的建築設計，前衛與未來感十足的建築架構，贏得全世界建築界的注目，也宣告日本的科技即將邁向新的未來。

世界博覽會之後，黑川紀章與菊竹清訓等建築師，共同開創了所謂的「新陳代謝論」（Metabolism），強調建築如生物般，會有成長、代謝、死亡、再生等生命現象，根據不同時間的不同需求，建築也同樣可以成長茁壯，或甚至衰敗縮小，不應該只是永遠停留在某一個狀態，永遠不會改變。

黑川紀章所設計建造的中銀艙體大樓（Capsule Tower），就被認為是「代謝論」最具代表性的作品。這座建築理論上是由許多居住單元所組成，每個單元是預鑄的，衛浴住宿設備俱全，猶如太空人生活的太空艙房。這樣的狹小空間可能只有習慣小空間的日本人可以適應吧！

日本茶屋由千利休以來，就是強調狹小的空間，自己形成一個完整的宇宙；日本中世沒落貴族鴨長明所寫的《方丈記》，也談到一個人所需要的空間其實不多，只要方丈大小即可，居所不大，沒有貴重物品，不會招來盜匪；內心不追求榮華權勢，也不會招嫉，惹來是非。中銀大樓可說是「膠囊旅館」的前身，後來黑川紀章所設計的中銀艙體大樓，是代謝派建築最具代表性的作品。

銀座、新宿地區在七〇年代就出現了許多膠囊旅店，小小空間猶如停屍間的冷藏櫃，但是空間雖小、五臟俱全，只是有幽閉恐懼症的人可能無法適應。最近膠囊旅館在背包客的風潮下，又再捲土重來，但是類似9hrs的膠囊旅館在設計與品質上更為進化，純白的空間，有如電影《2001太空漫遊》裡的太空站場景，充滿科幻未來感。

「代謝論」可以說是現代建築史中，唯一由東方人發起的建築思潮。幾年前英國「建築電訊」（Archigram）學派成員到東京旅行，還特地去參觀中銀艙體大樓。因為人們認為英國的「建築電訊」學派與日本的「代謝論」在時代精神與建築概念上，有異曲同工之妙，許多人甚至建議應該把中銀艙體大樓列為聯合國世界遺產。

中銀艙體大樓
地址：東京都中央區銀座8丁目 16-5-10（銀座中央大樓）
交通：從「新橋站」6號出口出來，步行約6分鐘

宇宙戰艦公寓

都市住宅建商在工業化、標準化的營造系統下，持續推出一棟棟毫無特色，卻又昂貴無趣的住宅大樓，使得都市中所謂的住宅公寓，經常都是一成不變的水泥方格子，完全沒有想像力與創新思維，這同時也使得城市人的生活，似乎都處於一種不快樂、不滿足的心理狀態。

東京新宿地區有一棟住宅公寓卻呈現出另類的想像與思維，這棟名為「新天空之城」（The New Sky Building, 1970）的建築，其實另有一個奇特的名稱「軍艦公寓」，因為這棟大樓造型實在是很特別，遠望還真像是一艘曾經橫渡浩瀚宇宙、歷經千辛萬苦到達地球的宇宙戰艦，其建築外型有著一個個獨立的船艙艙房系統，屋頂突出物則佈滿機械裝置，猶如戰艦艦橋的部分；特別是在屋頂角度觀看船橋部分，真有如置身在一艘機械感十足的超級戰艦之上。

建築師渡邊洋治是個非主流的另類設計天才（甚至有人稱他是異端或鬼才建築師），他所設計的「軍艦公寓」承襲了建築師菊竹清訓的代謝理論，以船艙單元組構而成，充滿了未來感與宇宙性；為了強化機械特性，渡邊洋治還特意將巨大的熱水儲存桶安置在船橋突出物兩側，塑造出一種陽剛與秩序的機械美學意象。

軍艦公寓機械感十分強烈，有如穿越星際的宇宙戰艦。

「軍艦公寓」雖然顯得十分前衛與另類，但是整個建築設計的思維卻是很傳統的現代主義建築概念，令人聯想到現代建築大師柯比意的創新公寓經典作品「馬賽公寓」。當年柯比意設計的「馬賽公寓」，就是以一艘巨輪作為設計概念，居住在「馬賽公寓」中，猶如生活在瑪麗皇后號般的遊輪，內有各自獨立的居住單元，也有公共的走道、自給自足的商店、市場等等，更可以到屋頂甲板眺望、做運動。

「軍艦公寓」則比較像是一座航行在都市中的戰艦，整棟建築沒有馬賽公寓的悠遊生活空間，強調的是其機能性與機械美學的展現，因此大樓內除了一個個斜向外傾的

軍艦公寓（GUNKAN東新宿大樓）
地址：東京都新宿區大久保1-1-10
交通：從「東新宿站」B1出口出來，步行約2分鐘

居住單元之外，屋頂部分就是充滿了機械裝置與管路，活像是一艘日本科幻動畫中武器火力十足的宇宙戰艦。

不過這棟「軍艦公寓」畢竟是上個世紀的產物，在城市房地產更新的金融遊戲中，如今也同樣面臨拆除的命運，建築師渡邊洋治也英年早逝，徒留人們懷念那個對宇宙充滿幻想憧憬的年代。

聖誕樹旅館

日本東京市區靠近上野公園不忍池畔，矗立著一棟奇型怪狀的建築，有如一棵聖誕樹般，十分醒目。有趣的是，這棟聖誕樹般的建築竟然是一棟旅館，不僅可以欣賞，有興趣者還可以到樹上住住，滿足一下內心的好奇。

從人類歷史發展來觀察，住在樹上並不是件奇怪的事，為了遠離地面潮溼沼氣，以及凶猛走獸的攻擊，許多地方的人們很早就住在樹上，或是在樹上築巢而居。現代都市的高層住宅大樓其實就具備著住在樹上的空間特質，不僅可以遠離地面的危險與喧囂，同時也可以遠眺觀察，提早預警的時間。

東京上野這棟形似聖誕樹的旅館，名為「SOFITEL」，大概是「柔軟舒服」與「旅館」的結合字，由日本建築師菊竹清訓所設計。菊竹清訓是日本當代建築界有名的大師級人物，當年與黑川紀章等人共同發表「代謝論」的前衛建築觀念，他們認為建築應該要像大自然界中的珊瑚生物般，會繁殖增生、老化代謝，或甚至死亡消滅，是一種充滿動態的前衛建築觀點；因此住宅建築應該也要隨著使用者不同時期的需要，而增加建築空間或減少空間。

「代謝論」建築師們發明了積木般，可以隨著需要增加或減少預鑄的基本單元，當居住空間需求增加時（例如小孩長大，需要有自己的房間），就將空間單

元插上（plug in）；而空間需求減少時（例如小孩都各自離開父母，建立自己的家庭），就將不用的空間單元取下。這種想法十分有趣也充滿想像力，只不過建築物可以像積木一般隨意裝上拆下的作法，在真實世界中並沒有真正實現過。

SOFITEL這棟樹狀旅館基本上也是以「代謝論」的概念去設計的，整棟建築有座鋼骨中央軸，將居住單元有如積木般地卡進中央軸上；居住單元則以四層一組，呈梯形退縮，讓每個單元都有自己的陽台空間，整棟建築因此塑造成一棵聖誕樹的模樣。這棟旅館雖然以「代謝論」的觀念設計而成，卻也無法隨意增加或減少居住單元，有些令人失望。

「代謝論」的想法雖然很有趣，但是卻一直無法成功地在現實社會中推展；或許要等到人類整體的建築工業成熟後，我們的居家空間才可能出現像珊瑚新陳代謝般，可隨意增減的住宅吧！

這間聖誕樹旅館已在二〇〇七年被拆除，成為日本拆除超過一百公尺高的摩天大樓首例。

丹下健三的東京計畫

日本建築大師丹下健三在六〇年代曾經提出巨型城市系統規劃的構想「東京計畫一九六〇」，雖然這個龐大的未來都市規劃並未實現，但是丹下健三在銀座所設計的靜岡新聞社大樓，其實就是丹下健三東京巨型城市化裡的局部縮影；也就是說，如果東京巨大都市是一座用積木構件組成的大型結構體，這座大樓就是其中一個基本構成單元。不過這座建築也讓人聯想到磯崎新的「空中都市／新宿計畫」未來城市規劃想像。

事實上，一九六七年銀座靜岡新聞社大樓，可說是丹下健三位於東京最經典的代謝派建築作品。整座建築有如一棵大樹，樹幹是垂直動線，所有預鑄空間就像是積木般，直接安插在樹幹上，充分彰顯了代謝派的「組裝、抽換」想法。這座造型奇特的建築，在周遭混亂的街區路口，反倒顯得吸睛，成為附近重要的地標建築。

不過，「代謝論」具代表性的幾座經典建築，最近都不約而同遭遇毀滅的命運。位於東京大久保，由建築師渡邊洋治設計的「軍艦公寓」即將被拆除；上野公園邊由菊竹清訓設計的旅館「SOFITEL」也已拆除改建；而位於大阪地區，由黑川紀章設計的「SONY TOWER」也已被拆毀，位於東京的中銀艙體大樓，也因

靜岡新聞社大樓（靜岡放送東京支社大樓）
地址：東京都中央區銀座8-3-7
交通：從「新橋站」5號出口出來，步行約2分鐘

為建築材料中含有石綿成分，引起居民及社區的擔憂與反彈，一直面臨被夷平的可能性，也引起建築界的議論紛紛。

雖然黑川紀章生前極力奔走呼籲，想要保留這座「代謝論」的經典名作，他希望中銀艙體大樓可以基於「代謝論」的精神，將舊有單元拆下，換上新單元就可以解決問題。畢竟建築的新陳代謝、生生不息，就是「代謝論」的精神所在。無奈理想化的建築理論總是敵不過現實世界的利益考量，中銀艙體大樓可能終將走向被拆毀的命運（目前中銀艙體大樓仍然存在，但是已經十分老舊，在B&B上有住宿單元出租，有些建築迷特別前去試住，卻因為衛浴已經老舊損壞，還必須到外面找地方洗澡）。

靜岡新聞社大樓猶如一棵樹的主幹，可以長出許多枝葉來。

9 hours 膠囊旅館

代謝派概念下所產生的膠囊旅館因為老舊狹窄，逐漸沒落消失，原本膠囊旅館只是針對上班族趕不上末班電車而設計，不過這幾年因為背包客旅店的興起，膠囊旅館又有捲土重來的趨勢。

新興的膠囊旅館中，9 hours 是最矚目的連鎖店家（所謂的 9 hours，就是一小時梳洗準備，七小時睡眠，另外一小時梳洗穿戴出發），之前在京都開設的膠囊旅館，簡潔未來感的設計，令人耳目一新。這些膠囊旅館讓人聯想到《2001 太空漫遊》以及《星際大戰》白色風暴兵的基地，光潔亮麗的白色空間，猶如太空艙般的內裝，一格一格的膠囊又像是太空旅行中冬眠的冷凍艙，喜歡科幻電影的人會愛死這個地方。

9 hours 膠囊旅館最近在東京展店，特別邀請新銳建築師平田晃久來設計，分別是赤坂店、淺草店，以及竹橋店。我曾特別到 9 hours 膠囊旅館赤坂店，果然與京都的 9 hours 不太一樣，而且一樓還進駐 Glitch Coffee Brewed 咖啡店，手沖咖啡很棒（吧台手說他來過台中），讓膠囊旅館多了些溫暖的人情味。

赤坂店的設計與一般膠囊旅館不同，過去所有膠囊旅館幾乎都是一整排牆面排列，感覺就像是停屍間的冰櫃一般，但是平田晃久的設計卻是分散排列，讓每這幾年膠囊旅館捲土重來，平田晃久設計的9hours膠囊旅館充滿科幻未來感！

個床位盡可能有不同的空間角落，使得膠囊旅館的空間更加活潑有趣！

如果不是行李太多，或是有幽閉恐懼症，其實都很適合來住膠囊旅店，膠囊內有調整式的柔和燈光、鬧鐘（用光線喚醒你），以及空調設備等等，可謂是麻雀雖小、五臟俱全。

在牆面顏色上，也從過去純白設計，改變為黑色牆面搭配白色膠囊床艙，感覺比較有層次感，也不會有過去那種白色醫院的蒼白恐怖。這樣的設計似乎廣受外國觀光客的喜愛，整個旅店幾乎都是歐美觀光客入住。不過這樣的膠囊旅館設計，讓代謝派的理念更加落實。

9 hours膠囊旅館（9h ninehours 赤坂）
地址：東京都港區赤坂4-3-14
電話：03-5545-1565
交通：從「赤坂站」3B出口出來，步行約5分鐘

M 美術館 Museum

東京天堂美術館

美術館是一座城市文化成就的指標，擁有優質的美術館，不僅是城市的榮耀與驕傲，同時也成為吸引觀光客的重要資源。東京可以說是美術館、博物館的天堂，大大小小的美術館林立，如果要看完全部，恐怕要花上幾個月的時間。而且，因為美術館的類型眾多，幾乎所有不同喜好的人，都可以在這裡找到自己喜歡的美術館。許多建築大師都在東京遺留下美術館建築，包括柯比意、谷口吉生、黑川紀章、妹島和世、隈研吾等人，為這座城市增添許多美好的角落。

國立西洋美術館
地址：東京都台東區上野公園7-7
電話：03-5777-8600
營業時間：09:30-17:00，每週一休，營業時間可能會隨著季節調整
交通：從JR「上野站」公園口出口出來，步行約1分鐘

建築大師柯比意的遺作

位於上野公園內的國立西洋美術館，是現代建築大師柯比意遺留在東京的珍貴作品，目前也成為東京的世界文化遺產。當年請柯比意來設計興建國立西洋美術館，也有一段特別的故事。二戰期間法國政府沒收了日本僑民的財產，包括他們所收藏的印象派畫作等藝術品，因此戰後日本政府要求法國歸還，法國政府答應日本的請求，不過卻是有條件的答應，條件之一就是要興建西洋美術館，宣傳法國文化藝術，並且請柯比意去設計美術館。雖然當年是法國政府的要求，但是現在卻也成為日本珍貴的世界文化遺產，這是當年所意想不到的。

國立西洋美術館由柯比意設計，他的三位學生前川國男、坂倉準三、吉阪隆正則負責細部設計與監督施工，這三位建築師後來也成為日本第一代的現代主義建築師，帶領整個日本進入現代建築的時代。有趣的是一九六一年前川國男在國立西洋美術館正對面，設計建造了東京文化會館，這棟建築非常具有柯比意建築的特色，基本上就是在向他的老師致敬。

對於建築迷而言，東京的國立西洋美術館可說是離台灣最近的柯比意作品，建築迷不用遠赴法國巴黎，也可以看見大師的建築，十分方便。

東京文化會館（下圖）
地址：東京都台東區上野公園5-45
電話：03-3828-2111
營業時間：10:00-22:00
交通：從JR「上野站」公園口出口出來，步行約1分鐘

柯比意學生前川國男設計的東京文化會館。

極簡主義的傑作

事實上，上野公園內博物館很多，除了柯比意的西洋美術館之外，谷口吉生所設計的法隆寺寶物館也是我的最愛。谷口吉生的建築風格偏向極簡主義，因為父親建築師谷口吉郎的影響，從小就浸淫在建築的世界裡，因此從事建築工作之後，一出手就令人驚豔！他在日本各地設計建造了許多美術館，包括京都國立博物館平成知新館、豐田市美術館、土門拳紀念館、豬熊弦一郎紀念館等等，二〇〇五年他更為紐約設計建造了MOMA新館，成為世界級的優秀建築師。

一九九九年谷口吉生在上野公園內設計的法隆寺寶物館，基本上是一座帶著德國冷靜、簡潔風格的建築物，垂直水平俐落的線條，沒有多餘的裝飾與累贅，讓人心靈安靜下來。博物館前的反射水池，倒映著建築物的影像，偶而有櫻花花瓣飄落，增添了建築物的淒美禪意。在法隆寺寶物館裡，你才可以真正體會到極簡主義的精義，在這座建築裡，所有的細節都十分妥善地被照顧到；原來所謂的「極簡主義」其實並不簡單，必須將設計意志貫徹到每個小細節，只要有一個小地方沒做好，整個極簡風格就此破功。

上野公園博物館很多，若是只能選擇看一座，我會選擇法隆寺寶物館。

法隆寺寶物館
地址：東京都台東區上野公園13-9
電話：03-5777-8600
營業時間：09:30-17:00，每週一休，營業時間可能會隨著季節調整
交通：從JR「上野站」公園口出口出來，步行約8分鐘

美學經濟的烏托邦

二十一世紀的東京市區，出現了許多大規模的更新案，而且這些更新案裡都有設置美術館，因此媒體就大做文章，說這是美學經濟的思維等等，甚至把這三處都市更新案的美術館連結成為所謂的「美學金三角」。其實我很厭惡這種說法，好像是說藝術設施其實是為了經濟而存在的。美的存在不應該只是為了經濟而已，否則這樣的美學也太膚淺了！

我很喜歡民藝大師柳宗悅在《工藝之道》書中的一段文字：「有人認為拯救生活比拯救美重要，也有人認為美一點也不重要，但是缺少美的生活稱得上生活嗎？無法保障美的文化，稱得上文化嗎？」很多人都振振有詞地說：「沒有經濟，就沒有美學！」事實上，美學並非一定要很有錢，雖然逃難時期無法講究美學，但是承平時期沒有理由不講究美感。

我們可以看到許多歐美城鎮，經濟水平不見得比我們好，卻可以有品味與尊嚴；反觀我們台灣人的生活，即便收入不錯，台灣錢淹腳目，我們的生活空間環境依然醜陋雜亂到令人無法忍受。當生活的一切，只為了經濟來服務時，其結果是可怕又可悲的！

過去在經濟發展的年代，台灣政府甚至喊出「家庭即工廠」的口號，以致於人們希望美術館的設置有助於經濟的發展，事實上，美的存在不應該只為了經濟。圖為安藤忠雄設計的21-21美術館。

台灣人的家居美學淪落至工廠的等級，人們在生活工作中，連一處休息安靜的避難所都沒有，實在是很悲哀！雖經歷了經濟起飛，但台灣人的美感並沒有因此提升，所以美學與經濟並非有直接的關係。

不論如何，日本東京的大型城市更新案中，不單單只是建商財團賺錢而已，也會為東京市民帶來更美好的城市環境與開放空間，甚至提供了許多藝術文化設施，對市民生活品質帶來正面的影響，我想這才是值得鼓勵的都市更新。

六本木之丘高樓頂上的森美術館、Midtown的21-21美術館，以及國立新美術館，都為附近區域帶來更好的生活品質，也成為二十一世紀東京最受歡迎的幾個更新地區。其中安藤忠雄所設計的21-21美術館，獨立存在於庭園之中，尖銳造型有如雕塑一般，建築物內呈現安藤先生一貫的光影變幻手法。這座美術館中，多年來舉辦了許多膾炙人口的展覽，我印象最深的是一檔稱為「雜貨展」的展覽，對很多人而言，一定會想說，雜貨就是雜貨，有什麼好展覽的，日本人就是厲害，很會小題大做！「雜貨展」內容十分精彩，展覽也大受歡迎！

森美術館則是東京最高的美術館，大家到此參觀展覽，也不忘記到頂樓的展望台，觀看東京的城市景觀。六本木之丘最有趣的藝術品，其實是位於人行街道上的公共藝術與街道傢俱，這裡有許多名師設計的街道椅子，其中包括伊東豐雄所設計的「Ripple」，以及街口牆面上，由藝術家宮島達男設計的「Counter Void」，變換的數字不斷催促著東京人珍惜生命的存在。這個作品在二〇一一年

21-21美術館
地址：東京都港區赤坂9-7-6
電話：03-3475-2121
營業時間：10:00-19:00，每週二休
交通：從「乃木坂站」2號出口出來，步行約6分鐘

三一一大地震後，為了節電的理由而熄燈，一直到五年後才重新點亮作品。

國立新美術館也在附近不遠處，不規則波浪狀造型，是建築師黑川紀章的遺作，也是他職業生涯最用力的作品之一。綠色的玻璃讓整座美術館猶如大型的仙人掌，不規則的表面想必清潔十分困難，不過不用擔心！因為日本人為此設計了擦玻璃的機器人，晚上會有蜘蛛機器人出現，爬上立面，努力擦拭著玻璃。整座美術館以沙龍的方式經營，大廳就是整座城市的客廳，所有人都可以來此逗留、歇息，名牌設計桌椅四處擺放，人們可以隨時進入美術館，在明亮的大廳裡坐臥歇息，仰望外面庭園，以及整片東京市區少見的綠意，那片綠意其實是「青山靈園」，也就是東京市區有名的古老墓園。

森美術館
地址：東京都港區六本木6-10-1 六本木新城森大廈52、53樓
電話：03-6406-6652
營業時間：10:00-22:00，週二營業至17:00
交通：從「六本木站」1C出口經連通道可直接到達

國立新美術館外型呈現綠色波浪狀，後方的綠色森林即青山靈園。

國立新美術館
地址：東京都港區六本木7-22-2
電話：03-5777-8600
營業時間：10:00-18:00，週五、六營業至22:00
交通：從「六本木站」6號出口出來，即可看見

東京的高山博物館

搭乘東京中央線電車一路往西，終點站就是高尾山，這座標高只有599公尺的山，因為離東京市區最近，成為東京市民最喜歡、也最常去登山健走的一座山。高尾山雖然不高，但是自然景觀卻保存十分良好。這座山從一千多年前就被視為聖山而加以保護，江戶時代德川家族也特別保護這座山林，甚至有規定濫墾濫伐、破壞高尾山的人，要被處以極刑。

東京人喜歡在夏天夜晚到高尾山上欣賞東京市區的夜景，春天市區櫻花凋謝之際，高尾山上還是可以看到滿開的櫻花；秋天則可以享受滿山的紅葉；因為山上有許多禪寺，有些人也將登山健走當作是修行的方式；學生老師也常到山上觀察自然生態，學習自然知識。基本上整個高尾山像是一座豐富的寶庫，所有人都可以在這座山裡，找到需要的資源。

599博物館位於東京近郊高尾山登山口處，簡潔明亮的博物館，由設計師大黑大悟所設計，用簡單清楚的平面設計方式，去介紹高尾山的動植物、歷史，以及高尾山的登山路徑等等，更重要的是讓所有登山客在登山之前，可以先了解這座山，並且知道如何愛惜保護這座山林。設計師大黑大悟以黑白的圖案，設計出高尾山的主角人物，那是以一隻飛鼠為主題的圖案，充分呈現了高尾山的生態特

599博物館簡潔明確的設計，讓登山客在登上高尾山之前，就先具備有愛山護山的概念。

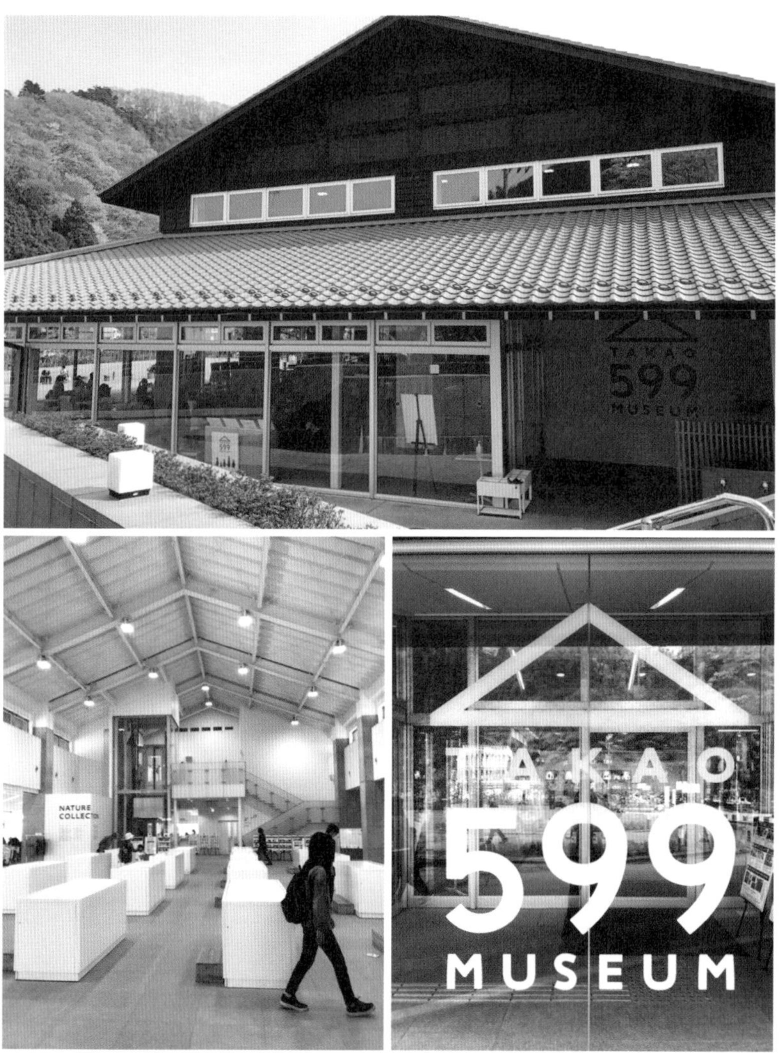

色，也讓一般民眾對這些山林知識與規定產生興趣，並且輕易地就接受吸收。

這座博物館的展示設計規劃非常出色，所有去過599博物館的人都對這座博物館的設計印象深刻，因為即使沒有去攀登高尾山，只要到這座博物館參觀，就幾乎可以對這座山有概括的了解。白色的陳列櫃裡，擺放成堆的種子，各式各樣，美不勝收，原來都是從高尾山山林間蒐集來的：一面白牆上懸掛著高尾山的各種動物標本，分類呈現清楚明晰，配合投影多媒體，讓人深刻感受到自然保育的重要性。

博物館中還有Play Mountain區，設置模擬高尾山山巒起伏的模型，讓有些無法跟父母去爬山的小小孩，可以在此攀爬玩耍體驗。博物館也有599咖啡館和以599高尾山為主題的紀念品商店，

高尾599博物館
地址：八王子市高尾町2435-3
電話：042-665-6688
營業時間：08:00-17:00，營業時間可能會隨著季節調整
交通：從京王高尾線「高尾山口站」出口出來，步行約4分鐘

其中販賣的《599 Book》是一本設計周全的博物館書，可以說是整座博物館的濃縮版本，非常值得收藏。

台灣的高山眾多，許多山都比高尾山不知道豐富多少倍，可是我們卻連一座像樣的「高山博物館」都沒有?!其實台北市近郊的陽明山，也是台北市民喜愛親近的一座山，非常適合設置類似599博物館這樣的建築，來教育民眾更認識我們的山林。

登山者愛德蒙·希拉里（Edmund Hillary）曾說：「我們征服的不是高山，而是自己。」讓我們的國民更親近高山、更認識高山，他們會更謙卑，更懂得尊重高山，懂得愛惜我們的山林與土地。

超現實的 HOKI 美術館

每次提及這座美術館，台灣人都會開心地會心一笑！因為HOKI美術館聽起來就像是台語的「福氣啦！」一座福氣美術館怎麼不叫人開心呢！因此這座近幾年才開幕的美術館，雖然位於千葉縣的新開發社區內，但是人氣卻越來越高！吸引許多台灣人前去參觀。

有趣的是，這座美術館並非由大師級的建築師所設計，反而是由一般認為是工程較強的建設公司「日建設計」所建造。日建設計這幾年設計了澀谷HIKARIE大樓、東京晴空塔等大型工程，結構工程能力是公認優異的廠商，但是HOKI美術館可以說是日建設計多年來，最富藝術性的建築作品了。

這座美術館在平面上呈現出解構主義建築般的糾纏線條，幾條長方體有如漂浮的彩帶般，糾結纏繞，形成了怪異流動的內部空間，參觀者入內之後就在這些糾纏不斷的長方體展示廳內穿梭，雖然有如迷宮一般，但是若乖乖跟著指示前進，終究會走出美術館。

美術館內大部分的展示是館主HOKI先生的超寫實主義畫作收藏，這是近年來其他美術館所少見的。不過在如此令人驚異的建築內，欣賞超寫實主義畫作，的確令人有另一種奇特的感受！或許因為建築中的狹長展示廊，因為距離不夠，

HOKI美術館懸空延長的造型，有如建築奇蹟一般，吸引許多遊客前往一窺究竟！

只能近距離欣賞，因此更適合超寫實主義的畫作。

最特別的是，其中一條長方體彎折延伸，拉出懸空的結構體，呈現出一種超現實的驚異感覺！走在懸空的結構體上，卻是十分堅固穩當，絲毫沒有晃動的感覺；結構體的頂端則是玻璃牆面，讓整個視線可以延伸至戶外的景觀。那條結構體懸挑近乎三十公尺以上，結實地展現出日建設計的結構設計實力。站在美術館旁，凝望著這巨大的結構體有如懸空橫跨於社區小住宅上，總是叫我們瞠目結舌！

這座剛開發的低密度新社區，標榜著附近有森林公園，可以讓社區居民運動休閒，並且設立美術館，增加了社區的價值感與文化氣

HOKI美術館（HOKI MUSEUM）
地址：千葉縣千葉市綠區あすみが丘東3-15
電話：043-205-1500
營業時間：10:00-17:30，每週二休
交通：從JR「土氣站」南口出口出來，步行約20分鐘

息；對於只會開發土地、蓋房子牟利的國內建商而言，應該是可以學習思考的方向。一座環境優雅的社區，竟然還有一座HOKI美術館，我只能說：這樣的開發作法，對社區居民而言，真的是福氣啦！

低調神秘的松濤美術館

陰冷的天氣，來看建築師白井晟一（一九〇五～一九八三）的作品「松濤美術館」。白井晟一是東京最神秘低調的建築師，他的作品也充滿神秘氣息，好像活在自己的幻想世界裡，很難讓外人進入與了解。白井晟一曾經留學歐洲，在德國柏林大學哲學系深造，師從著名的存在主義代表人物——卡爾．西奧多．雅斯培（Karl Theodor Jaspers），因此他的作品強調精神性的空間，有著一種奇特的哲學氛圍，象徵性與故事性都很強烈。

在戰後的年代裡，日本主流建築師都一股腦地西化，走現代主義的路線，唯獨白井晟一依然做他自己的建築，特立獨行，也不被主流建築圈所接納，有人甚至稱他是被那個時代「拋棄」的建築師。

位於高級住宅區的松濤美術館，非常低調沉靜，立面內凹，表面裝飾著自然的石材，如果參照建築平面圖，會發現整個平面規劃非常詭異神秘，好像是婦科診所裡掛在牆上的子宮頸剖面圖，參觀者從入口進入後，就有如被吸入洞穴中一般，進入一個奇特的世界。

在白井晟一的建築中，感覺有一種奇特的氛圍，不太像一般主流建築所呈現的世界，反而比較像外星異形的美學形式，怪不得許多媒體將他稱為「鬼才建築神秘建築師白井晟一設計的松濤美術館，有如子宮頸剖面一般，將人吸入暗黑的幽玄宇宙。

師」。松濤美術館是一個包被性、內聚性十分強烈的建築，中心往地下一層，有一座水池，水池上方有天橋橫越，因為中心天井的設置，讓封閉性的美術館內，每個空間都有很好的採光。待在美術館中，猶如窩在母親的子宮中一般，完全忘卻外面的種種喧囂煩擾，很容易讓心境安靜下來；所以白井晟一的建築或許看似很詭異神秘，其實卻帶著日本傳統靜謐的禪意，是比較京都，而不是東京的感覺。

白井晟一過世之後，大家對於他的內心世界依舊有許多不解，還好他在東京有遺留下一些作品，等待後世繼續來研究探討。

松濤美術館
地址：東京都澀谷區松濤2-14-14
電話：03-3465-9421
營業時間：10:00-18:00，營業時間可能會隨著展期調整
交通：從京王井之頭線「神泉站」西口出口出來，步行約5分鐘

後記｜漫步在屬於自己的森林

去年（二〇一八）我寫的《美感京都》一書，可以說是偵探日本城市觀察系列的第一本，但是我必須承認，當時我最想寫的城市其實是東京。

想要書寫東京已經起心動念很久了，過去雖然也出版過《東京建築酷斯拉》一書，但是單薄的一本書，卻很難將東京這座豐富多元的城市寫得完全。因此我寫完京都之後，便開始書寫東京。寫東京這座城市雖然不容易，但是比起京都的書寫，對我而言，可說是自在許多（因為京都有太多關於父親少年時期的記憶糾葛，父親雖然也待過東京，但是卻沒有那麼長久）。

書寫東京對我而言，是一件快樂的事情！雖然生活總是忙碌奔波，但是抽空坐在咖啡館寫作，卻是我覺得最幸福的時刻，我可以在這個短暫的寫作過程裡，沉浸在東京的美好時光裡；不管台北是如何的混亂陰沉，我總是可以逃離那些心煩的事，來到東京春天燦爛的櫻花吹雪中，或是在金黃銀杏落葉中漫步。

我的總編輯文娟很了解，她從不需要催促我交稿，也不需要給我任何壓力，因為我總是在咖啡店裡，按部就班地把她所要的稿件交出，我想這就是作者與編輯之間的默契吧！每天在咖啡館中書寫東京，不知不覺就寫了超過十一萬字的內文，我才發現我對東京這座超級城市，充滿了熟悉的感覺，我總是可以熟捻地說出每個小地方的奇特建築，或是某個地方的文學與歷史典故，什麼地方有文青咖啡館，什麼地方有路面電車，甚至墓園裡藏著哪些文學家等等，每每在書寫之際，總是有欲罷不能的熱血感。

今年春天我又到東京賞櫻，那時我還未開始寫這本書，我到吉祥寺井之頭恩賜公園划船，回憶過去的櫻花浪漫；夏天我也去了一趟東京，那時候這本書的寫作也還未真正開始，我在河口湖附近住下，觀察富士山雲霧的莫測變化；秋天時節，我的東京書寫已經接近尾聲，但還是禁不住金黃銀杏的誘惑，藉口去移地教學與寫作資料的補充，我又飛去東京進行一個人的旅行。

飛去東京時，我才發現自己將錯過九合一選舉（我真的不是故意的），當時的台灣正陷入一種選舉的政治混戰中，各種擾亂人心的資訊宣傳，不斷地流傳散播，眾人的心靈顯得十分脆弱，想在生活中保有一顆平靜安穩的心，實屬不易。但是當我飛到東京時，這些惱人的資訊不再干擾我，我在金黃銀杏滿佈的公園中漫步，享受秋天的光影與蕭瑟，深深覺得「人生短短幾個秋」，何必爭鬧不休，讓心靈受到如此大的擾動，最後甚至在混亂資訊中，讓自己失去了理性思考的能力。

東京雖然是一座超級大都市，但是你總是找得到一個自然安靜的角落，在那裡躲避世界的紛擾，這讓我想到村上春樹，他念早稻田大一時，正值一九六八學運社運的混亂時期，當時學校幾乎停課，學生每天在抗議鬥爭中混過。但是村上春樹似乎並不熱衷這些革命的熱潮，他在早稻田旁的和敬塾、在吉祥寺附近的公園，還有那些與直子漫步的城市路徑中，找回屬於自己心靈的平靜。

村上春樹在《挪威的森林》中說：「每個人都有屬於自己的一片森林，也許我們從來不曾去過，但它一直在那裡，總會在那裡。」

我常常在想，寫作對我而言，其實就是那一片森林吧！

作家作品集 0087

東京未來派1——都市偵探的東京觀察A to M

作者—李清志
全書美術設計—雷震宇
美術設計協力—文皇工作室
主編—沈維君
編輯—林慧雯
責任企劃—金多誠
內頁排版—立全電腦印前排版有限公司

總編輯—曾文娟
發行人—趙政岷
出版者—時報文化出版企業股份有限公司
一〇八〇三 台北市和平西路三段二四〇號一～七樓
發行專線—（〇二）二三〇六六八四二
讀者服務專線—〇八〇〇二三一七〇五
（〇二）二三〇四七一〇三
讀者服務傳真—（〇二）二三〇四六八五八
郵撥—一九三四四七二四時報文化出版公司
信箱—台北郵政七九～九九信箱
時報悅讀網— http://www.readingtimes.com.tw
電子郵件信箱— ctliving@readingtimes.com.tw
時報出版臉書— https://www.facebook.com/ readingtimes.fans
法律顧問—理律法律事務所 陳長文律師、李念祖律師
印刷—和楹印刷有限公司
初版一刷—二〇一九年三月二十二日
定價—新台幣四五〇元

時報文化出版公司成立於一九七五年，
一九九九年股票上櫃公開發行，二〇〇八年脫離中時集團非屬旺中，
以「尊重智慧與創意的文化事業」為信念。

東京未來派.1：都市偵探的東京觀察A to M / 李清志作.
-- 初版. -- 臺北市：時報文化, 2019.03
面；　公分. -- (作家作品集；87)
ISBN 978-957-13-7727-8(平裝)

1.遊記 2.日本東京都

731.72609　　108002400

978-957-13-7727-8（平裝）
Printed in Taiwan